言語・思考・感性の
発達からみた

聴覚障害児の指導方法

豊かな**言葉**で
確かに**考え**、
温かい**心**で
感じる力を育てる

長南浩人 著

学苑社

まえがき

　これまで聴覚障害児教育に関する図書は多数出版され、その内容は、聴こえの構造や聴覚生理、聴覚障害の生理病理と心理、教育制度や方法などの概説であったり、または読み書きや学力、コミュニケーション手段など特定のテーマを掘り下げたりするものが主でした。いずれも、これまでの研究や実践方法が豊富に紹介された大変勉強になるものばかりですが、学校で見る聴覚障害児の育ちの姿は、これらの本でも見ることのできないものが多く、どのように指導したらよいか悩むことが少なからずあります。

　そこで、学苑社より学校の先生に向けた本の執筆を依頼されたとき、これまでの本よりも、もう少し教室で起きた出来事の詳細を取り上げ、それに基づいた指導のヒントを書きたいと考えました。そのためには彼らの発達の傾向と背景を知る必要があるため、第1部では聴覚障害児の育ちの姿を心理学的に検討し、そこから教育の方針を提示しました。第2部では、第1部で示した方針が主として学校での指導ではどのように具現化されるかという視点から実践的な指導方法を記述しました。そして、最後に本書の総括として、聴覚障害児の発達可能性について、「9歳の壁」と「可能性は空の極み」という言葉でまとめてみました。

　本書は、上記のような理由から多数の事例をあげ、それに基づく具体的な教育方法の提言を行いました。しかし、それらの全てが実証的な検証を経ているわけではなく、筆者の経験によるものも含まれています。また具体性を求めるほど、紹介できる指導法に限りが生じ、聴覚障害児教育で触れるべき分野の一部しか取り上げることができませんでした。これらの点は、本書のねらいをお含みいただき、ご容赦をお願いするとともに、本書で書かれたことが、指導法の全てでも、正解でもなく、聴覚障害児の指導を考える際の一情報とお考えいただくようお願い申し上げます。また、筆者の浅学故、内容に誤解があるかもしれませんので、これらの点には皆様の御批正をいただければありがたく存じます。

　本書が、聴覚障害児教育に携わる方に、彼らとの接し方、教え方を考える際に、少しでも役立てていただけるのであれば、この上ない喜びです。

1

目　次

第 **1** 部

聴覚障害児教育の
基本方針

第1章 聴覚障害児の言葉と思考力

第1の方針：言葉で考える力を育てる

1 「9歳の壁」から見える聴覚障害児の言葉と思考力の実態

　聴覚障害とは言葉や環境音が聞こえない、もしくは聞こえにくい状態を指します。よって先天的にもしくは発達の早期の段階で聴覚に障害を有した子供は言葉や周囲の音を十分に聞くことなく発達することになります。その結果、言葉の獲得が遅れ、また学力が向上しにくいという傾向が指摘され、これは「9歳の壁」（萩原, 1967）といわれます。9歳ころの学習内容は、だんだん複雑になってきて、学んだ内容を言葉によって整理、思考し、また自分の言葉で説明しなくてはならないことが増えるため、言語力の発達に遅れがある多くの聴覚障害児が学力に伸び悩み、健聴児と差が生じるというわけです。そのことを象徴する授業の1例を紹介します。単元は、小学校3年生の理科で扱う「物の重さを測ろう」です。

　この単元では、物の形を変えても重さは変わらないことを学びます。いわゆる保存の概念です。保存の概念の発達は、一般に6歳台の子供には理解が難しく、物を「細長くすると軽くなる」や「丸くすると重くなる」と考え、これは、物の「見た目」という知覚に判断が左右されていることを示します。では、8歳では、どうでしょうか。「物の重さを測ろう」の授業では実験に先立ち教師が児童に結果を予想させるという展開が一般的です。筆者が一般の小学校の教員に「重さが変わると予想する児童と変わらないと予想する児童の割合は、どれくらいですか」と尋ねたところ、「変わるが約40％、変わらないが約60％」や「変わるが約20％、変わらないが約80％」などの回答があり、小学

校 3 年生の健聴児の場合は、「変わらない」と解答する子供の割合の方が多いことがわかりました。解答の理由を児童に尋ねると、「だって、形を変えるだけでしょ。だから同じでしょ」との答えが多いそうです。大西（2017）によれば、保存の概念の獲得には、知覚で得られた状態を、その経緯なども利用して組織的、論理的に判断するなどの認知による判断が優勢になることが必要と説明しています。確かに、「変わらない」と答えた児童の理由を見ると、形と重さを分けて考えていて（分析）、これには、「だけ」という言葉が役立っているものと思われます。このことから 8 歳児は、出来事を見たまま判断するのではなく、言葉を使って出来事を論理的関係性で捉えなおすようになることがわかります。この状態は、ヴィゴツキーの言葉を借りれば、言葉が思考の道具になっているといえます。

　では、聴覚特別支援学校に在籍する聴覚障害児は、どうでしょうか。以下、ある聴覚特別支援学校での授業記録の要約です。

教師　粘土の形を変えたら、重さはどうなるかな。予想してみてください。

児童 A（粘土を細長くする担当）　少し重くなると思います。どうしてかというと形が少し変わるからです。（中略）少しだけ重くなると思う。

児童 B（粘土を細長くする）　うんと、ちょっと軽くなると思います。どうしてかというと、細く長くすると（中略）、細長いから軽くなると思います。

児童 C（粘土を薄くする）　少し重くなると思います。どうしてかというと、広げたら、ちょっと大きくなるからです。

児童 D（粘土を小分けにする）　軽くなる。どうしてかというと、小さくて軽くなるからです。

　小学校 3 年生の聴覚障害児は、クラス全員が「重さは変わる」と予想しました。その理由は、主には「見た目」が変わるからという、知覚に左右された判断でした。同様の報告は、Sarangi（2015）でもなされていることから、聴覚障害児は、言葉を使って出来事を論理的に捉えていない者が多いと考えられ

ます。

　もう一例、小学校の理科の授業記録を紹介します。

　単元名は、「光と音の性質」でした。この授業では児童が、教室から校庭に出て、太陽の光を反射させる鏡の数を徐々に増やしながら、太陽の光の当たったところの温かさを計測する実験が行われました。その際の健聴児と聴覚障害児の授業記録です。

　教師（実験が終わって教室で）　今日の授業で、やったこと、わかったことをプリントに書きなさい。

　健聴児の記述

　　鏡で光を集めて、光が多くなると温度が高くなることがわかった。

　聴覚障害児の記述

　　くつはいて、外にでて、はしって、太陽のかがみで、てがあたたかい。

　健聴児は、鏡の数と温度の間に因果関係があることに気が付いています。この気づきは、「ん？　温度が上がったぞ。なんでだ？　鏡の数を増やしたから？」のように言葉を使って、出来事一つひとつを因果という論理的関係で捉えなおしたことによって生まれたものと思われます。一方、聴覚障害児は、見たこと、手に温かさを感じたことなど、知覚したことが羅列的に言葉で表現されているだけで、出来事を関係づけて捉えてはいません。聴覚障害児教育では、「経験が大事」ということがよく言われますが、この例を見る限りでは、経験をさせるだけでは学習は成立せず、経験した出来事を、「……したから、〜になった」のように言葉による捉え直しをさせる必要でありそうです。

　では、国語の授業ではどうでしょうか。「文部科学省、つばめ」（教育出版）の授業例を見てみましょう。

　つばめ

　つばめは、わたり鳥です。春に日本にやってきて、すをつくり、たまごを生み、こどもを育てます。（後略）

　教師　春に日本にやってくるのは、何ですか。

> 聴覚障害児童　こども

　教師は、児童が、省略された主語（つばめ）を読み取れているかを確認するために上記の発問をしました。これに正しく答えるには、格助詞を用いた思考（例えば、たまご「を」生む、こども「を」育てると書いてあるから、それをするのはつばめの親だろう）をしたり、前の文の内容に返って、この文章は「つばめ」を話題としていたことを確認し、それと後の文をつなげたりする思考（例えば、この文章は、「つばめ」のことが書いてあったから、それをするのは、つばめだろう）が必要です。つまり、本文の語や文、さらには自分の言葉を道具とした思考です。一方、聴覚障害児は、教師の言った「春」「日本」「やってくる」を教科書の本文から見つけ、その後にある「来そうなもの」を選んだために「こども」と答えたのでしょう。このような読み方は、「視覚的一致方略」（visual matching test-taking strategies）と呼ばれ、聴覚障害児にみられる読み方の特徴の一つとされています（LaSasso, 1985, 1986）。

　以上のことから聴覚障害児は、出来事にしろ文章にしろ、入力された情報に対して「言葉を思考の道具として捉え直す」ことが困難で、その結果、目の前の状態に依存した思考、事柄の羅列的認識、視覚に依存した非論理的問題解決方略を取るということがわかり、これが「9 歳の壁」の正体です。なお、いうまでもなく、全ての聴覚障害児が、上記に示した発達を見せるわけではありませんし、健聴児の中にも、「9 歳の壁」をうかがわせる育ちを見せる児童は存在します。ただ、一般校と聴覚特別支援学校の両方を経験した多くの教員は、聴覚特別支援学校の在籍児のほうが、「9 歳の壁」を示す児童の割合が多いことを感じていて、このことから言語を用いた思考の困難は聴覚障害児教育の大きな課題といえます。

2　「9 歳の壁」に係る要因

　本節では、聴覚障害児は、なぜ言葉を思考の道具にできないのか、その要因を検討します。このことを理解するために筆者は、大学の授業や学校の教員を対象とした研究会で、縄文時代の遺跡の発掘の様子を録画したビデオを音声な

しで見る体験をしてもらうようにしています。画面には、縄文土器、ヒスイ、竪穴式住居などが順に映し出されるだけで、音声による解説はありません。この状態で、「このビデオには、どのような解説がなされていると思いますか」と学生や教員に問います。すると多くの人は、「うーん、これは、縄文土器です。これはヒスイです。これは、竪穴式住居です」のように目に入ってくる視覚的な情報を羅列的に言葉に変えた発言をします。実際には、このビデオでは「これはヒスイです」といった出土物の名前を紹介する言葉も録音されていますが、「このような出土品から、当時の人々が豊かな生活をしていたことがわかります」という出土品発掘の意義を述べるナレーションもあります。物事の意義は、一つひとつの具体だけを見ていても浮かばず、「このような……から、〜がわかる」という言葉を使って初めて生まれるもので、いわば言葉を道具とした思考の結果といえます。そして、このような言葉のモデルを様々な場面で繰り返し聞き、「うーん、なるほどね」と心の中でうなずき納得する経験を重ねることで、「言葉を思考の道具とする」ことが可能になるものと考えられます。

　では聴覚障害児は、言葉を思考の道具とするモデルをどのくらい聞いているのでしょうか。聴覚に障害があることを考えると、他者の言葉は聞き取りにくいことは容易に想像されます。それに加え、聴覚障害児と会話をする大人は、「わかりやすく話す」ことを優先するため、ついつい単語で話し、その結果、「このような…から、〜がわかる」のような表現を避けてしまうという傾向にあるようです。先ほどのビデオの例でいえば、縄文土器やヒスイ、竪穴式住居という名詞で表される用語は説明もしやすく、大人は、これらの言葉を伝えるでしょう。「これは、ヒスイと言います、ヒスイだよ、これは竪穴式住居、覚えてね」といった話しかけが典型です。しかし、「このような出土品から、当時の人々が豊かな生活をしていたことがわかります」という言葉となると、なんとなく難しそうで、聴覚障害児に話すことを控えてしまうことが少なくないようです。このように、言葉の発達に遅れた子供に大人が思考のモデルの使用を控えてしまうことを「逆のマタイ効果」とよぶこととします。「マタイ効果」とは、教育の世界で使う場合、優れた才能をもっている子供は、それを使って、多様なことを学ぶことです（Stanovich, 1986）。それを見た周囲の大人は期

待をかけることから、子供に豊かな環境を与え、そのことがさらに発達を促進します。言葉の覚えの良い子は、それによって、多くの話かけをしてもらうことになり、ますます言葉が発達することでしょう。しかし、聴覚障害児のように言葉の発達が、ゆっくりした子供の場合、徐々に大人が、簡単な言葉しか言わなくなくなり、その結果、言葉を思考の道具とした表現に触れることが少なくなってしまうことが考えられます。

　本節は、なぜ聴覚障害児の言葉が、なぜ思考の道具にならないかを検討することでした。この点ついて聴覚障害児教育の現場では、「聞こえないから」と子供の障害要因に求める声は多く、確かにそういう面もあるのですが、加えて、言葉を思考の道具とした表現のモデルを「聞かせてないから、伝えてないから」という大人側の環境要因にもあると考える必要があるのではないでしょうか。

3　第1の方針：言葉で考える力を育てる

　本章では、「9歳の壁」の実態や原因を探り、そこから聴覚障害児を指導する際のポイントを考えました。教師は言葉を思考の道具とすることが、当たり前なので聴覚障害児の考えかたに気が付きにくく、聴覚障害児が授業中に誤った解答をすると、「もう一度よく読んでごらん」や「よく考えてごらん」という指示のみを与えてしまいがちです。しかし、「目の前のことのみを判断の根拠にする」とか「入ってきた情報の関係性を考えない」など、子供の思考が見えれば、それに応じた指導ができるはずです。それ故、聴覚特別支援学校の現場では、「子供の頭の中を見て授業をしろ」とよく言われるわけです。その際には、聴覚障害の思考の課題は、思考を司る中枢の先天的な生物神経学的障害によるものではなく、聴覚障害という末梢の感覚器官の障害（1次障害）の2次障害であるとの理解も必要です。萩原（1967）も、このことを「聴覚の欠損は、知覚、概念、想像、思考等の面に変容を来たし、（後略）」と表現し、「変容」、つまりは、言葉を用いた思考の経験不足により聴覚障害児の発達上の課題が生じると述べています。そこで、1次障害を主に医学的リハビリテーションで対処し、学校、家庭、社会で教師や周囲の大人が、適切な言葉かけなどの

対応をすれば、言葉を思考の道具とすることは十分に可能であると考えられます。言葉を用いた思考の指導を日常的に意識することが聴覚障害児教育における第一の方針と言えるでしょう。

文献

萩原（1967）変容現象. ろう教育, 22（10）, 3.

教育出版（2021）特別支援学校小学部聴覚障害者用　こくご　ことばのべんきょう　三ねん.

LaSasso, C.（1985）Visual matching test-taking strategies used by deaf readers. *Journal of Speech and Hearing Research, 28*, 2-7.

LaSasso, C.（1986）A comparison of visual matching test-taking strategies of comparably-aged normal-hearing and hearingimpaired subjects with comparable reading levels. *Volta Review, 88*, 231-241

大西真樹男（2017）8～10歳の「重さの保存」に関する研究―子どもの保存・非保存判断の記述による説明に着目して―. 立命館産業社会論集, 53（3）, 65-82.

Stanovich, K. E.（1986）Matthew effects in reading: Some consequences of individual differences in the acquisition of literacy. *Reading Research Quarterly, 21*, 360-407.

Sarangi, H.（2015）Development of conservation concepts in mild, moderately, sever and profound hearing impaired children. *Pedagogy of Learning, 1*（2）, 48-53.

第2章 幼児期の言葉と思考の発達

第2の方針：言葉で経験を振り返り、言葉が作る論理で考える力を育てる

1 「9歳の壁」と幼児期

　発達早期の聴覚障害は、言葉の獲得の困難をもたらし、それが「9歳の壁」となって現れることを、前章で述べました。言うまでもなく「9歳の壁」は、9歳で突然始まるわけではなく、それ以前の幼児期の育ちと深い関連性があります。そこで本章では、幼児期に、どのような言葉で何を考えさせたらよいかについて、言葉の基礎が作り上げられる2、3歳までの幼児期前半と言葉による論理的思考がより活発になる幼児期後期に分けて、各時期における発達の実態と指導方法に触れます。

2 幼児期前期の言葉と思考

　乳幼児の言葉の発達には、対人関係の形成がまずは必要で、これは、子供をあやすなどして大人に興味をもたせることから始まります。また生後、3、4か月ごろから、子供は循環反応（自分の体や物に対して繰り返し行う行動のこと。例えば、指を繰り返ししゃぶる、落としたボールが、跳ね返ってきたことを見て、また落とすことなど）を行うようになり、それに対して大人が声をかける（子供がボールを落としたときに「あ！」と言って、子供を見る）と、子供は、その言葉に反応して、同様の行為を行う（大人の「あ！」に反応して、大人を見て、またボールを落とす）ことがあります。これは、対人的循環反応と言って、言葉を介した対人関係を形成するきっかけの一つとなります（野中，2006）。これについて、野中（2006）は、聴覚障害児の音声への気づきの弱さが、大人との

関係作りの遅れをもたらし、生後 7 か月で対人関係の形成に健聴児との違い
が見られる例を報告しました。この時期に発する大人の言葉を、しっかりと聴
覚障害児に届けることは、言語発達の基礎を形成するうえで重要なことです。
そして、2 歳ぐらいからは健聴児との言葉遣いの違いが、はっきりしてきます。以下の発話例をご覧ください。

健聴児
　今日は、A ちゃんと一緒に遊んだから、楽しかったの。
聴覚障害児
　B は、C ちゃんとブランコをやったよ。
　病院行ったよ。

　健聴児の 2 歳台の発話では、「から」という「関係づけの言葉」が用いら
れ、出来事の因果関係が述べられています。ちなみに健聴児は 2 歳台で、条
件推論である「もし、……だったら〜」も使用し、ほかにも「ても」「ながら」
「たり」「けど」が出現するとの報告があります（窪田，2015）。出来事の論理
的関係が言語化できると経験の記憶も確かになります。このことを内田・津金
（2014）は、「論理的思考は乳児期からめばえ、ことばの獲得とともに、論理的
思考活動はことばによって行われるようになる。ことばは記憶を留める『ピ
ン』の役割や、知識を引き出す『つり糸』の役割を果たす」と表現していま
す。さらに大人が、「そうだね、一緒に遊ぶと楽しいよね」と反応をすると、
「……と」という表現に触れるとともに、改めて「今日は楽しい日」と経験を
意味づけることもできます。一方、聴覚障害児の発話は、「B は、C ちゃんと
ブランコをやったよ」「病院行った」という単調な事実の羅列になりがちで、
このようなことは、事例児のほかにも同年代の聴覚障害児に多く見られます。
では聴覚障害児と健聴児の表現の違いは、なぜ起きたのでしょうか。言語が表
現されるには、それに先立ち言葉が入力されているはずなので、周囲の大人か
ら「関係づけの言葉」を、どれだけ伝えてもらっているかの差にありそうで
す。次の会話例をご覧ください。

膝にけがをした聴覚障害児が、教師にその部分を見せている場面。
教師　あー、ケガしたね。ケガ。血が出たね。これは何？　血だね。保健
　　　室に行こう。

　聴覚障害児を相手にした大人は、ケガや血という名詞を繰り返していています。類似の場面での健聴児と大人の会話を見てみましょう。

子供　痛くしちゃった。
母親　どうしたの？
子供　ぶつけたの。
母親　また？　よく見ないからだよ。

　健聴児に対しては、大人が「どうしたの？」とケガの原因を問いかけ、その返答に対して「から」を使っています。やはり、聴覚障害児と健聴児を相手としたときでは、大人の声のかけ方に違いがあるようで、聴覚障害児を相手とすると、言葉を増やしたという思いが強くなりすぎるからでしょうか、名詞の連呼で終わり、「関係づけの言葉」を用いた会話にならない例をよく見かけます。そこで、健聴児の会話にも見られたように、子供に問いかけ、子供に思考をさせながら会話をして、その中で「関係づけの言葉」を用いるという工夫が必要です。ただし、問いかけ方にも留意点がいくつかあります。一つは、使われる疑問詞が「どこ」「だれ」「なに」「いつ」に偏らないようにすることです。多様な疑問詞を使えば、多様な「関係づけの言葉」を使う会話に結び付けられます。健聴児は 2 歳台までに、「なに」「どこ」「だれ」「どれ」「どう」「どんな」「どうして」「どっち」などの多様な疑問詞を習得する（大久保，1967）といわれ、これは多くの疑問詞を聞かされた経験があるとことを示唆しますから、聴覚障害児にも、できるだけ同様に多様な問いかけをしましょう。**表2-1** は、幼児期に育てたい主な思考の種類と、それを刺激する疑問詞及び答えるときの「関係づけの言葉」の例を示したものです。子供の発達段階や言語発達の実態に応じて、表中の言葉をバランスよく使うことが大切です。

表 2-1　思考の種類と疑問詞、答えに使う言葉の例

思考の種類	思考の足場かけとなる疑問詞の例	答えの際の「関係づけの言葉」の例
因果関係	どうして？	……だから、〜です。
因果の可逆		だって、……だから。
比較	どっち？	……より○○○のほうが、〜だ。
仲間分け	同じ？違う？	……が同じだ。……が一緒だ。
部分と全体	どれくらい？	……ずつ、……のうち
具体と抽象	例えば？	例えば、
統合	だから？	だから、……だ。
仮説生成 条件 – 許可	もし、……ば？	もし、……ば、○○○しよう。 ……しないと（すれば）、○○○だよ。
方法	どうやって、……する？	……です。

　留意点の二つ目は、問いかけて答えが返ってこなくても、問うことを止めないということです。問いかければ、すぐに子供から立派な答えが返ってくるわけではありません。ただ聴覚障害児から返答がないと、ついつい大人は、「やっぱり難しかったかな」と考え、だんだん尋ねること自体を減らしてしまいがちです。しかし、そのようなときは、表 2-1 の「答えの際の「関係づけの言葉」の例」を用いて、答え方を大人が示すという、いわゆる質問 – 応答モデルの提示をしましょう。過日、いまだ、ほとんど話をしない子供に向かって、ある母親が、「あれ、こんなところにネコちゃんがいる。どうしたんだろうね」と言って、子供に問いかけている場面を見ました。子供からは答えはありませんでしたが、母親が「おなかすいちゃって、ご飯探しているのかな」と自分で答えていました。このようにして大人が「関係づけの言葉」を使っていると、やがて子供が使うようになる（杉村, 2015）ことから、子供への問いかけに回答が無くても、質問 – 応答モデルを繰り返すことは意味があることなのです。

　以上のように幼児期前期においては、まずは、言葉を介した対人関係作りをし、また経験したことを、振り返らせ、それについて会話しながら、短くてもよいので、まとまりのある一つのお話として言葉でなぞることが重要です。ま

た、絵日記には、このような表現を保護者が書いてあげて、それを使って、さらに話を深めてもよいでしょう。

3　幼児期後期の言葉と思考

　典型発達の子供の場合、幼児期後期になると、経験を言語で表すだけでなく、経験したこと以外の事柄についても、言葉と言葉をつなげることで生まれる論理の世界を考えることができるようになります。では、それに関する聴覚障害児の実態は、どうなっているでしょうか。この点を、いくつかの主要な発達概念をとおして検討します。

(1)　ごっこ遊び

　ごっこ遊びは、幼児期前期の見立ての発達から始まります。これは 2 歳台の「つもり・見立て遊び」の発展として現れます。「つもり・見立て遊び」は、空のコップで水を飲んでいるふりをしたり、積み木を自動車のように床を走らせたりする行動が具体例です。そして、次第に子供は自分のことや今いる場所を言葉で何かに見立てる「ごっこ遊び」を始めるようになります。「ごっこ遊び」は、4、5 歳台で質が向上し、これに伴い言語力や思考力、社会性も高まることから、ごっこ遊びを充実させることは幼児期後期の重要な教育目標と言えます。

　聴覚障害児のごっこ遊びについては、Brown ら（2001）が、その特徴について、①ストーリー性の発達が見られない、②ストーリー性の出現の前に見られる「役割宣言」（例として「わたし、お花屋さん」と自分の役割を話す）や「場の設定」（例として「ここ、お店ね」などと実在しない空間を言葉で設定する）などの言語活動が乏しい、③共同性が乏しいという 3 点を挙げています。我が国では大塚（2002）が、「聴覚障害児は、ごっこ遊びをしていても空想世界に精神を置かず、『物まね』をしているだけではないか」と述べています。その例の一つは、すぐに「ふり」をしていた役を忘れてしまう、現実世界に戻ってしまうことであり、これは年長児でも多く生じます。過日、ある聴覚特別支援学校の幼稚部で「病院ごっこ」をしているときに、ベッドに寝ていた入院患者役

の男の子が、退院する話の展開もないまま、なぜか突然起き、病院近くに設定された自宅に帰ってラーメンを食べ始めるまねをするということが起きました。自分は、今、何者の「ふり」をしているか、どこにいる「ふり」をしているのかが崩れてしまったようですが、教師はこれに対する指導を行いませんでした。ごっこ遊びの質的向上には大人の言葉が重要な役割を果たす（藤塚，2012）ことから、上記のような場合は、「今、誰だったっけ？」と問いかけて、役割宣言（神谷・吉川，2011）による自分の役の意識づけや、「ここどこ？」と「場の設定」（神谷・吉川，2011）をさせる声掛けをして、言葉が作り出す世界に留まれるような対応が欲しかったところです（この幼稚部では、「役割宣言」も「場の設定」も教師が「○○ちゃんは、お医者さんね」「ここは病院だよ」と言うだけでした）。

（2）演繹推論

　健聴児の場合、3 歳から 6 歳にかけて演繹推論の能力が発達します（内田・大宮，2002；大浦，2012）。この能力は、就学以降の学力と関連する（園田ら，2007）ことから、幼児期に育てる思考力として重視され、当該時期における思考力の発達過程や関連要因を明らかにする研究が行われてきました（中道，2009）。

　では、聴覚障害児の演繹推論能力は、どのような発達を見せるのでしょうか。この点は、聴覚特別支援学校小学部 1、2 年生を対象とした長南ら（2015）によって検討されました。演繹推論の測定には、中道（2009）が健聴幼児に用いた課題を使用し、それは、「ふしぎな　おほしでは、ねこが、『わん、わん』って　なきます」と子供に大前提を示した後に、「みけは、ふしぎな　ほしのねこです。みけは、なんて　なくかな？」と小前提を示し、結論を求めるというものです。これは、以下の論理構造をもっています。

$$M - P$$
$$S - M$$
$$従って S - P$$

　具体例で説明すると、大前提は「人間（M）は必ず死ぬ（P）」、小前提は「ソクラテス（S）は、人間である（M）」であり、結論は、「よって、ソクラテス

（S）は、必ず死ぬ（P）」となります。上記のネコの鳴き方の問題も論理構造は同じです。この問題の正解である「わんと鳴く」と答えるには、「ネコは、ニャーと鳴く」という経験から得た知識に頼らず、言葉で提示された演繹推論の論理構造に沿って、「不思議な星のネコは、ワンと鳴くのだから、不思議な星にいるミケも、わんと鳴くだろう」と考えることが求められます。

　テストは、上記の論理構造をもつ問題が 7 つ用意されました（ネコの鳴き方問題のほかに、「不思議な星では、犬が空を飛びます。ポチは、不思議な星の犬です。ポチは空を飛ぶかな」など）。その結果は、聴覚障害児の平均得点が先行研究で示された健聴児の 5 歳児の平均点よりも低いというものでした。不正解の解答で最も多かったのが、「ニャー」でした。この課題を用いた指導場面で解答の理由を尋ねたところ、不正解の子供は、「ネコだから」との答えがほとんどでした。これは、「ネコは、ニャーと鳴く」という経験から得た知識を使って考えたものと思われ、言葉が作り出す論理の世界で思考をしていないことがわかります。ただし「ニャー」と答える子供の中でも、「ミケは、不思議な星のネコだから」という小前提を述べる群が存在しました。どうやら、大前提と小前提を覚えてはいるものの両者がつながっていないようです。そこで、「そうそう、ミケは不思議な星のネコだよ、不思議な星のネコはワンて鳴くんだよ。だからミケは、なんて鳴くの」と尋ねると、再度、「ニャー」と答えるものの、その後、「不思議な星のネコはワンて鳴くんだよ。だからミケは、なんて鳴くの」、「……ニャー」、「あのね、だからね、不思議な星のネコはワンて鳴くんだよ。ミケは、不思議な星のネコなんだよ、だから、なんて鳴くの」と言って、大前提と小前提をつなげた話を繰り返していると、突然、「あ、そういうことか」と言う子供がいました。そして「なんて鳴くの」と訊くと、「わん」と言いました。そこで「なんで」と尋ねると、「不思議な星のネコだから」「誰が」「ミケが」と言うようになりました。聴覚障害児も繰り返し繰り返し、「関係づけの言葉」を用いて思考の道筋を辿らせれば、言葉と言葉をつなげて作り出す論理を理解できるようになるようです。そう考えると聴覚障害児は「思考できない」のではなく「まだ、思考の刺激が足りていない」だけなのかもしれません。上記のことは、小学部の低学年の児童を対象としていましたが、大人の説明の繰り返しで、子供の頭の中に思考の道筋を作るという働きか

けは、幼児期後期の子供にも効果的なので、論理的な話を日常生活に埋め込み（例えば、「冬になると寒くなりますね、今は、冬ですね。雪は降りそうかな？」）、思考の回数が増えるような工夫をするとよいでしょう。

（3）類推

　類推は推論の一種であり、既にもっている知識を類似した未知の場面に引き移して推論することと定義されます（Gick & Holyoak, 1980）。この力は、新たな知識を得たり、得た知識を応用したりするためのツールと考えられ、就学後の学力と関連することから（大塚，2014）、これもまた幼児期における重要な発達事項とされています（細野，2012）。類推の種類には、昨日あった人と今日の前にいる人は同じであるという全体類似性、タイヤもボールも丸いというような二つの対象間の色や形などの特徴の類似である属性類似性、鳥が飛ぶ、飛行機が飛ぶのように事物間の関係の類似である関係類似性、「川幅が広がると流れる水の量が増える」と「電線を太くすると流れる電流が増える」のように論理の構造の類似である構造類似性があり、健聴児の場合、3 歳ころまでに全体類似性、属性類似性、関係類似性の出現が見られ、5 歳ころに構造類似性の発達がなされます。

　我が国の聴覚障害児の類推の発達に関する研究には、3 歳から小学部 2 年生間の聴覚障害児を対象として属性類似性、関係類似性、構造類似性の発達を検討した杉山ら（2016）があります。この研究では、健聴児同様に聴覚障害幼児にも三つの類推発達が見出されたこと、構造類似性の発達には言語能力が関与することが明らかにされました。後者については、Socher（2020）に同様の報告が見られ、これは構造類似性が、「……だから」「……すると」「……なので」という「関係づけの言葉」を用いて 2 者間の関係性を認識する必要があるためと思われます。これらのことから聴覚障害児の類推については、言語能力がより関わる構造類似性の指導がポイントとなります。そこで、日常生活において構造類似性に気が付かせる話かけをする、いろいろな場面で構造類似性のある類推をさせることが重要で、例として、「すべり台が急な方が、速く滑れるでしょ。だから（砂場に作った）山から、お水を速く流すのはどうしたらいいの？」のような問いかけが考えられます。なお構造類似性の成立には、ベース

の知識の論理（例「川幅が広がると、流れる水量が増える」）が適切に認識されていることが基本条件となる（細野，2006）ことから、まずは 2 歳台で身近な出来事の因果などの論理的関係を言語化できるようにすることが類推発達の第一歩ということになります。

（4）言葉の言葉化

　子供は、1 歳ころから「これ、何」と名前を尋ね始めます。これを大久保（1967）は、「ナニ第一期」と名付け、子供が物や行為に名前があることを知り、未知の言葉を知ろうとする現象と説明しています。これに続いて、4 歳ころになると、言葉を知っているものの、その意味を知ろうとした質問（例「生ごみって何？」）をします。これを大久保（1967）は、「ナニ第二期」と名付けました。この現象の出現は、言葉を言葉で理解する力がついてきたことを示しますから、「ナニ第二期」を迎えた場合、大人が言葉で言葉を説明して見せることが大切です。その例として、子供から、例えば「ポストって何」と尋ねられた場合を考えましょう。これについては、脇中（2013）によれば、バーンスタイン（Bernstein）（1959）が、大人の説明を「制限コード」と「精緻コード」に分類したとされています。「制限コード」は、場面への依存度が高く、多くは短文や重文、命令文で構成され、「精緻コード」は、場面への依存度が低く、複文や長文が多いという特徴があります。

例

子供　ポストって何？

制限コードの回答例

　スーパー○○の横にある赤いのだよ。

精密コードの回答例

　スーパー○○の横にある赤いのだよ。前に、おばあちゃんに書いたお手紙を入れたでしょう。それを郵便屋さんが運んでくれたから、おばあちゃんちに着いたんだよ、ありがとうって電話があったでしょ。だから、ポストは、お手紙とかはがきとかを運んでもらうために入れるものだよ。

　精密コードには、「関係づけの言葉」が、沢山使われている点にお気づきのことと思われます。学校では精密コードの使用が多く、日常生活でそれに慣れていない子供は、教師の話についていけず、学習不振となるという考え方がバーンスタインの提案した「コード理論」です。聴覚障害児にも「ナニ第二期」は見られますが、それに対する大人の表現は制限コードのような言葉遣いであることがよくみられ、それも一因となってか聴覚障害児が言葉の意味を話す際の内容も制限コードであることが少なくなくありません。そこで、聴覚障害児が言葉の意味を尋ねてきたら、精密コードのモデルを示すことが大切であり、これを聴覚障害児教育の世界では「言葉の言葉化」とよんできました。なお、「言葉の言葉化」の実際の方法は、第９章「言語指導」で詳述します。

（5）メタ認知能力

　自己を客観視するメタ認知能力も幼児期後期に発達する重要な認知能力です。太田（2018）によれば、4歳から他者と自己の比較ができるようになり、5歳では自分をモニタリングしたり、コントロールしたりし始めます。確かに5歳児になると、「あのね、○○ちゃんがね」と大人に話しかけ、それに対して「○○ちゃんて、誰？　会ったことないからわからないよ」と言われると、少し考え込んで「幼稚園のお友達」などと説明するようになります。これは、「人は会ったことない人のことはわからない」という理屈を知り、自分はそれを知らなかったと自分をモニターしたことから、「だから、○○ちゃんのことを説明したらよい」と自己コントロールしたことを示します。このようにメタ認知能力を働かせる際には言葉で自己の状態を知るということが行われます。聴覚障害児はメタ認知能力の発達が遅れる（第6章）ことが知られていますから、これについても、指導が必要です。メタ認知能力は、他人に言われた言葉が、徐々に自分の言葉へ移行することにより発達します。例えば、「会ったことない人のことは、わからないよ」の言葉が繰り返され、それが子供に内在化されると、「聞き手が、会ったこともなさそうな人のことを話すときには自分から説明を加えよう」という意識につながるというものです。よって、他者の視点を大人が話し（第3章）、それによって、自己を客観視する「もう一人の自分」が子供の中に生まれるよう、働きかけることが大切です。

(6) 想像力

　内田（1986）は、「幼児期からの想像による創造の営みは，子供自身の精神生活を豊かにし、将来的にその一部は科学、芸術、技術のようなものとして具象化されていく」と述べ、想像力獲得の意義を述べています。想像力の評価は、主には、絵を見て物語を作らせる方法（田口・小川，1964：クチャー・ディスクリプション）が、たびたび実施されてきました。類似した研究は聴覚障害児にも行われ、斎藤ら（1988）が、「虹」というテーマの絵を見せた研究を行っています。この絵は、空にかかった虹の一部を数人の街の住人が、木造家屋にはしごをかけ、高いところに登り、のこぎりのようなものを使って切り取る、それを、子供数人を含めた十数人が見上げ、またパトカーも出動し、警官が住人の脇に立っている様子が描かれています。この絵を見て、ある健聴児が作ったお話は、以下のようなものでした。

にじどろぼう

　ある日、にじのないくにに　にじが　やってきました。にじを見たこともないおとこの人が、にじをむりやりとってしまいました。そしてにじがいいました。どうかわたしをきらないでください。おとこの人は、もう、にじをとることをやめました。それからにじは、しあわせにくらすことができました。おとこのひとは、いつまでもにじをたいせつにしました。そしてにじは、いつまでも、みんなにしあわせにされました。なないろのきれいなにじは、いつまでも、ぴかぴかひかっていました。子どもたちもみんな、にじをいつまでもしあわせにくらしてあげようとしました。そして、こどもたちは、にじのほんをよむようにしました。

　多少の誤表記はありますが、そのようなことが気にならないくらいの、しっかりとしたストーリーがあり、読後に清々しい感想がもてます。豊かな想像力に基づく表現です。

　つぎに、筆者が収集した聴覚障害児の作ったお話を紹介します。

　　ぱとかあがとまっています。おとこのこのおとながはしごをもっていま
　す。こどもがはしっています。おとこのおとなが、にじをみています。くさ
　と、きがいっぱいあります。いえが 5 こいます。はしごが 3 んこあります。
　おんなが、ぱとかあのうえにきのせんがもっています。そらがちっときいろ
　いです。おんなのこがかさがさしています。

　健聴児の作った物語りとはだいぶ異なり、ストーリーも、テーマも書かれて
いません。目についた物や出来事を羅列的に書いたのでしょう。幼児がまとま
りのある一貫した物語り作りができるようになるには、①発端部－展開部－解
決部といった物語展開構造に関する一般的な知識（エピソード構造、物語スキー
マ）や特定のテーマに関する豊富な既有知識（経験）をもっていること、②複
数の事象間の因果関係を推論でき、それを表現する統語能力をもっているこ
と、③物語の目標構造や欠如－補充の枠組み（登場人物に何か困ったことが起
き、それが解決していくこと）を理解・保持し、作話過程をモニタリングできる
ことが必要であるとの指摘があります（藪中，2012）。①は絵本の読み聞かせ
や、様々な話題のお話をたくさんすること、②は既述した幼児期前期に必要と
される働きかけを行うこと、③は読み聞かせの後にお話を振り返って、欠如－
補充を明示してあげること（例として、「虹さん、はじめ切られちゃったけど、後
から、みんなに大事にしてもらえてよかったね、めでたし、めでたしだね」）で対応
します。
　このような教育を十分に受けたからでしょうか、聴覚障害児の中にも以下の
ような物語を作成した子供も見られます（斎藤ら，1988）。想像力と表現力が
豊かな聴覚障害児は、どのような育ちだったのか、その詳細は大変興味深く、
今後の研究テーマといえます。

聴覚障害児（小 1）

　　にじが折れて　いえにおちてきました。むらびとは、おおさわぎ。けいさ
　つと　だいくさんがきまいた。
　　「たいへんだ。」
　　だいくさんは、いえのてっぺんへはしを　のぼっていきました。

　「にじをなおすには　どうしよう。」

　おばさんが　ながいぼうを　もってきました。だいくさんはそのぼうをた
てました。むらびとは　もう二どとそんなきけんな　ことがおこらないよう
にじんじゃにいっておまいをしました。

　以上のように幼児期後期では、言葉と言葉をつなげることで生まれる「言葉
が生み出す論理の世界」で考えることが必要となってくることから、聴覚障害
児の思考が、この世界に留まれるよう、その思考の道筋を繰り返し話してあげ
ることが重要です。

4　第2の方針：言葉で経験を振り返り、言葉が作る論理で考える力を育てる

　本章では、聴覚障害幼児の言葉と思考の発達と指導を考えてきました。する
と2歳台で既に経験した出来事を「関係づける言葉」を用いて表現する力に
健聴児との差が見られました。筆者はこれを「2歳の分かれ道」とよんで、聴
覚障害児の発達の節目の一つと捉えています。また、幼児期後期は、言葉のつ
ながりによって作り出される論理を利用した思考が求められ、その発達の健聴
児との差は大きなものでした。幼児期後期の発達課題のことは「5歳の坂」と
よばれ（斎藤，1986）、その発達の程度は「9歳の壁」と関連することから、こ
の時期もまた重要な発達の節目です。各発達の節目に沿った言葉による思考を
促すことが大切で、その方法について健聴児の場合は、内田・津金（2014）
が、「五感を通した経験により幼児の内面にわきあがってきた考えをことばに
置き換えたり、ことばで伝え合ったり、理解し合ったりすることで、さらに論
理的な思考力が磨かれていくのであろう」と述べ、子供中心保育の有効性を指
摘しています。しかし、聴覚障害児は、大人が考えるべきことを考えさせ、そ
の過程を何度も繰り返さないと、そもそも内面の豊かな世界は湧きにくいよう
ですから、大人の言葉による思考のリードが健聴児よりは強くすることが必要
でしょう。子供の求めるものが得られるように手助けするのが保育者の役割で
あるという倉橋総三の子供中心保育の考え方は、聴覚障害児の幼児教育を考え

る上でも基本ですが、それに特別な支援を加える必要がありそうで、それは幼児期前期には、経験を「関係づける言葉」を用いて言語化させ、幼児期後期には、言葉のつながりが生み出す論理を使って思考させることを意図的に行ったり、大人のモデルを示したり、さらには論理の世界に留まる声掛けを、健聴児よりも意識的に多くする、必要に応じて繰り返すということです。「聴覚障害児は、大人がこだわったところが力になる」という言葉を聞いたことがあります。聴覚障害児が豊かな思考の世界が実感できるよう、言葉を使って考えさせることに大人がこだわりをもって関わるようにすることが大切と言えると思います。

文献

Bernstein, B. (1959) A Public Language: Some Sociological Implications of a Linguistic Form. *The British Journal of Sociology 10* (4), 311-26.

Brown, P.M., Rickards, F., & Bortolli, A. (2001) Structures underpinning pretend play and word production in young hearing children and children with hearing loss. . *Journal of Deaf Studies and Deaf Education, 6*, 15-31.

長南浩人・澤隆史・濱田豊彦（2015）聴覚障害児の演繹推論に関する研究：小学部 1・2 年生を対象として. ろう教育科学，56（2），57-68.

藤塚岳子（2012）ごっこ遊びのイメージの共有を支える援助―共有要因の発達プロセスをとらえながら―. 愛知教育大学幼児教育研究，16，59-66.

Gick, M. L. & Holyoak, K. J. (1980) Analogical Problem Solving. *Cognitive Psychology, 12*, 306-355.

細野美幸（2006）子供の類推の発達―関係類似性に基づく推論―. 教育心理学研究，54，300-311.

細野美幸（2012）子どもの類推能力の発達. 風間書房.

神谷友里・吉川はる奈（2011）幼児の役割遊びにおける役割取得の特徴に関する研究. 埼玉大学紀要　教育学部，60（2），19-28.

窪田美穂子（2015）. 2〜4 歳児による理由を表す接続助詞「から」の習得. 東京造形大学研究報，16，23-34.

中道圭人（2009）幼児の演繹推論とその発達. 風間書房.

野中信之（2006）難聴児との関わりから学んだこと. コミュニケーション障害学，23，64-68.

太田友子（2018）幼児期における「振り返り」活動―幼小接続期におけるメタ認知に関する一考察―. 大阪総合保育大学紀要，12，179-196.

大浦賢治（2012）選言 3 段論法に関する推論様式の発達. 教育心理学研究，60，235-248.

大塚明敏（2002）聴覚障害児に対する遊びの指導について. 長野大学紀要，24（1），9-30.

大塚紫乃（2014）児童期につながる応用力：類推の発達からの検討．江戸川大学教職課程セ
　　ンター紀要，3，21-26.

Rovee-Collier, C. & Haye, H.（1987）Reactivation of Infant Memory: Implications for Cogni-
　　tive Development. *Advances in Child Development and Behavior, 20,* 185-238.

斎藤佐和（1986）言語活動の発達的変化―「生きる力」としての言語活動から「学ぶ力」と
　　しての言語活動へ―．齋藤佐和編著　聴覚障害児の言語活動――「生きる力」としての
　　言語活動から「学ぶ力」としての言語活動へ―．聾教育研究会，4-9.

斎藤佐和・馬場顕・垣谷陽子・松原太洋・九嶋圭子・小美野みつる・江口朋子・板橋安人・
　　左藤幸子・荘司秀明（1988）作文力の総合的評価の試み―健常児と聴覚障害児について
　　―．養護・訓練研究，17-31.

Socher, M.（2020）Reasons for Language Language and Analogical Reasoning Ability in Chil-
　　dren with Cochlear Implants and Children with Typical Hearing. Studies from the Swedish
　　Institute for Disability Research No. 101. *Linköping Studies in Arts and Sciences Disserta-
　　tions, 795.*

園田博人・竹下知行・熊倉啓之（2007）数学的に推論する力を養う指導に関する研究（3）.
　　静岡大学教育実践総合センター紀要. 13，43-58.

杉村恵子（2015）幼児の疑問文獲得における三つの特徴．金永敏編　日本語疑問文の通時
　　的・対象言語学的研究－研究報告書（3）．国立国語研究所，155-173.

杉山梓・茂木成友・館山千絵・鄭仁豪（2016）聴覚障害児における類推の発達的特徴：類似
　　性への着目による検討．聴覚言語障害，45（2），57-65.

住宏平（1965）ろう児の精神発達―知能と記憶．ろう教育科学モノグラフ，6.

田口恒夫・小川口宏（1964）ことばのテスト絵本．日本文化科学社.

内田伸子（1986）ごっこからファンタジーへ　子どもの想像世界．新曜社.

内田伸子（2007）発達心理学特論．放送大学教育振興会.

内田伸子・大宮明子（2002）幼児の説明の発達：理由づけシステムにおける領域知識と推論
　　形式の関係．発達心理学研究，13，232-243.

内田伸子・津金美智子（2014）乳幼児の論理的思考の発達に関する研究―自発的活動として
　　の遊びを通して論理的思考力が育まれる―．保育科学研究，5，131-139.

藪中征代（2012）昔話絵本の絵が幼児の理解および作話に及ぼす影響．聖徳大学研究紀要，
　　23，聖徳大学短期大学部，45，1-8.

脇中起余子（2013）「9 歳の壁」を越えるために：生活言語から学習言語への移行を考える．
　　北大路書房.

第3章 共感性の発達
第3の方針：言葉にならない気持ちを言葉で育てる

1 聴覚障害児の共感性の実態

　人は、学校や家庭、地域や職場で多くの時間を人と過ごします。そこでは、場の状況や他者の心情を感じながら、適切な行動をすることが求められます。近年、このような能力のことを、感情知性や情動知能（Emotional Intelligence Quotient、EI や EQ と略される）と呼ぶことがあり、教育界で注目を浴びています。これは、自分や他者の感情の理解、自己感情の表現やコントロール、自尊感情、共感性、円滑に社会的生活を行うスキルの総体を指し（Mathews　小松訳, 2011）、この中でも近年、他者の喜びや痛みなどをくみ取る力である共感性に注目が集まっています。共感性は、社会性や道徳性の発達を下支えする能力として捉えられ（溝川・子安, 2015）、「社会的接着剤」ともよばれているからです（Jolliffe & Farrington, 2006; Eisenberg & Miller, 1987）。では聴覚障害児の共感性の発達の実態は、どのようなものでしょうか。これについて、まずは読みにおける登場人物への共感を検討します。また本章では、共感と関連をもつ道徳性についても、聴覚障害児のその発達と指導を検討します。

2 登場人物に対する共感

　読みにおいて登場人物に共感するとはどういうことか、聴覚障害児のその実態はいかなるものなのかを物語文「ちいちゃんのかげおくり」を扱った授業記録で検討してみましょう。
・「ちいちゃんおかげおくり」のあらすじ

　ちいちゃんのかげおくりは、戦時中に暮らす平凡な家族を扱った物語り文
で、あらすじは、以下のとおりです。

　ある日、ちいちゃんは、お父さん、お母さん、お兄ちゃんの 4 人で先祖の
墓参りに行きました。その帰りに、お父さんが、「かげおくり」という遊びを
しようと言い出します。家族みんなで、手をつないで、「かげおくり」をし
て、とても穏やかな時間が過ぎました。そして、その翌日に、お父さんは出征
します。しばらくして、ちいちゃんの住む地域が空襲に襲われ、その混乱の
中、家族はバラバラになってしまいます。ちいちゃんは、逃げ込んだ防空壕
で、だんだん衰弱していきます。そして、薄れゆく意識の中で家族と再会し、
みんなで「かげおくり」をします。そしてちいちゃんは亡くなります。

教師	ちいちゃんは、お父さん、おかあさん、お兄ちゃんと会ったとき、生きていたと思いますか、死んでしまっていたと思いますか。
聴覚障害児	はい！
教師	どうぞ
聴覚障害児	死んだと思います
教師	どうしてそう思うの
聴覚障害児	命、消えたって書いてある
教師	そうですね

　一昔前までは、影おくりをしていることの記述から「ちいちゃんは生きてい
る」と答える聴覚障害児を多く見ました。しかし、最近の聴覚障害児は、この
点の読み取りはできるようで、この聴覚障害児も、ちいちゃんが亡くなったと
理解していました。しかし、私が驚いたのは、教師が「そうですね」と言った
次のときでした。この児童が、右手を振り上げ、ガッツポーズをしながら、満
面の笑顔で「やった！」と言って、隣の児童の顔を得意げに見たのです。よほ
ど先生の質問に正解したことがうれしかったのでしょう。しかし、この場面
は、多く人が涙を流す場面で、一般の小学校では涙ぐむ子供が少なからず見ら
れるとのことです。このとき、私は、この聴覚障害児が文章に書かれてあるこ
とは読み取れていても、お話が心に響いていない、登場人物に共感していな

い、作品に浸れていないなど、いろいろなことを思い、複雑な気持ちになりました。そう考えると、ちいちゃんが家族と「かげおくり」をする場面を読んで穏やかな気持ちになっていたのか、家族と離れてしまったとき心細い気持ちになっていたのかなど、ほかの場面を読んだときの心情も気になりました。もしかすると、この子は、国語の時間を先生の出す問題に正解をするクイズ大会のように思っているのかもしれないとも思いました。言葉や思考の力だけでなく「聴覚障害児の心は育っているか」という問いは、海外においても取り上げられ、Peterson（2016）や Netten ら（2015）は、聴覚障害児の共感性の発達が健聴児よりも遅れると報告しています。

3　共感性の発達に必要なこと

(1) 感情語の獲得

　では、なぜ聴覚障害児の共感性の発達が遅れるのでしょうか。Netten ら（2015）は、その理由の一つとして、聴覚障害児の感情語の少なさをあげています。子供は、感情語に触れることで、自己や他者の感情状態に気づくことが知られています（遠藤，2002）から、感情語が少なければ、共感の発達にも影響すると考えられます。我が国の聴覚障害児の感情語の獲得を検討した研究（相馬・関根，1986）を見てみると、「うれしい」「なつかしい」「こわい」「おどろく」「かなしい」「くやしい」「怒る」「はずかしい」よりも「ほこらしい」「憧れる」「不安になる」「うろたえる」「傷つく」「ひがむ」「不愉快になる」「はにかむ」のほうが、獲得率において健聴児との差が大きかったことを報告しています。その理由は、いろいろなことが考えられますが、「逆マタイ効果」と「偶発学習の不足」が考えられるでしょう。「逆マタイ効果」は、第 1 章で解説したとおりで、「うろたえる」「傷つく」などの言葉の使用を大人が避け、簡単な言葉に置き換えてしまうことが多い語と思われます。また健聴児であれば何気なくテレビを見ていれば、ニュースで「うろたえる人々が少なくありませんでした」や「この言葉で傷ついた人もいたのではないでしょうか」などの言葉を「小耳に挟む」という、いわゆる偶発学習の場面があり、この繰り返し

により、いつのまにか多くの感情語を獲得します。しかし、聴覚障害児は、聴覚に障害があることから偶発学習が難しくなります（Doyle & Dye, 2002; Convertino et al., 2014）。そこで、日常の会話の中で、多様な感情語を大人が使うことと、偶発的な学習場面で交わされている様々な心情語を家庭や学校で聴覚障害児にわかるように身近な大人が伝え（「偶発学習の意図的指導化」、第 7 章）、言葉で心が動かされる場面を増やすことが重要です。

（2）他者の状況を理解する力

　心情語を獲得しても、それだけで共感する心が育つわけではありません。それは、どうしてでしょうか。「ごんぎつね」の授業記録から考えてみましょう。

・ごんが、兵十に銃で撃たれる場面
教師　兵十は、どんな気持ちですか。
健聴児の解答例　ごんに対して何てことをしたんだと、自分を責める
聴覚障害児の解答例　ごんが死んでかわいそう。

　健聴児は、ごんに対して誤解していたことを悔いている兵十の複雑な気持ちを感じているようです。一方、聴覚障害児の発言は、「かわいそう」という単純な表現で、自分の気持ちとも受け取れる発言をし、兵十に共感しているかどうか、はっきりしません。この違いの理由を考えるには「ごんぎつね」のお話を理解できているかどうかが関係しています。「ごんぎつね」のあらすじは以下のとおりです。ごんが兵十にいたずらをしてしまい、兵十は、そのことに怒ります。悔いたごんが償いのために、兵十の家にこっそり届け物を繰り返しするものの、兵十はそれをごんがしているとは知りません（**図 3-1**）。

　二人の気持ちはすれ違い、そのもどかしさを、ごんは「ひきあわないなあ」というセリフで表しています。そして、いつものとおり届け物を持ってきたごんを兵十は、撃ってしまいます。そこで、やっと両者の気持ちが通じ合います。

　読み手は、両者の状況が、なんとももどかしく、またわかり合えた理由が悲しすぎるという思いが湧き、複雑な深い気持ちになります（**図 3-2**）。つまり、

図 3-1　ごんの思いの構造

複雑で深く、それ故、言葉にならない感情（人のホットな面）は、冷静な状況
の分析（人のクールな面）に基づいていて（溝川・子安, 2015）、このような共
感を認知的共感といいます。共感には、もう一つ、人間が生まれつきもってい
る情動的共感があり、例えば、泣いている人を見ると、ただそれだけで悲しく
なるような心情のことです。この分類に従うと、健聴児は、登場人物に認知的
共感をしたのに対して、聴覚障害児は情動的共感をしたようです。他者の状況
を分析する力は、「心の理論」と呼ばれる概念を用いて検討され、その測定に
は、「サリーとアン課題」がよく用いられます。「サリーとアン課題」の概要は
以下のとおりです。まず、サリーが、自分のビー玉をかごに入れ、外出しま
す。アンは、サリーのビー玉をかごから取り出すと、自分の箱に入れました。
サリーが帰ってきました。サリーはビー玉であそぼうと思いました。さて、サ
リーは、かごとはこのどちらを探すでしょうかという課題です。正解は「か
ご」であり、理由は、アンがビー玉を箱に写したことを、アリーは知らないか
らです。いくつかの研究によって、健聴児では 4 歳後半になると多数の子供
が正解できるようになることがわかっています。我が国の聴覚障害児の心の理
論の発達については、藤野（2012）が、年中児の心の理論課題の正答率が約
20%（健聴児は約 80%）であり、小学校 6 年生になっても 80% 台に達しないこ
とを報告しています。このことから我が国の聴覚障害児は、他者の共感性の基
礎となる他者の状況を分析する力（人のクールな面）の発達が遅れていること

ごんは償いたい気持ち

であることを兵十は知った

ことをごんは知った

ことを私は知った

図 3-2　読み手の理解の構造

がわかり、このことが、物語文の登場人物に共感する力の弱さをもたらしていると考えられます。

　そこで、藤野（2012）は、他者の心情理解の力を高めるための方法について、以下のような提案しています。それは「A さんは、○○のとき（他者の状況）には□□と考えるだろう（その状況における他者の思考や心情）。だから、△△するだろう（状況に応じた他者の行動）」という内容の話かけを子供にするというものです。具体例をお泊り保育の指導場面で考えてみましょう。お泊り保育では、子供と親が離れます。そこで、家庭で「お母さん、○○（子供の名前）が、一人で歯を磨けるか、心配だな。できる？」と話します。また教師は、お母さんが、上記のことを話したと聞いたら学校で「お母さん、お泊り保育のことなんか言ってた？　心配って、言ってたの。なんでお母さんは、心配するのかなあ」のような話をします。そして、「お泊り保育って誰が行くんだっけ？」と質問をすると子供は「○○組と A 先生と B 先生と、……」などと答えるでしょうから、「お母さんは一緒？」と尋ねてみます。すると「違う」と言えるはずです。ここで、「お母さん、お泊り保育に行かないから、○○くんが歯を磨くところ見れないよね、だから心配ってなるんだよ、じゃあ、ちゃんと歯磨きの練習をして、おかあさんに『できたよ』って言えるように頑張ろうね」な

どと声をかけてあげれば、お母さんの状況、その状況における思考や感情、それらに応じた行動を含んだ話をすることができます。大人の話しかけの内容と子供の心の理論の発達は関係するといわれています（東山，2008）から、聴覚障害児に藤野が提案する内容の話しかけを日常生活において意図的に投げかけることが大切であり、これが読みにおける登場人物に認知的に共感することにもつながると思われます。

（3）価値観の獲得

　文章やお話には、多くの場合テーマがあります。例えば、夏目漱石の『こころ』であればテーマは罪悪感であり、『しろいぼうし』であれば他者を助けることの肯定感です。『あらしのよるに』であれば、崇高な自己犠牲の精神です。これらのテーマとなる価値観を感じ取れてこそ、登場人物に共感した「深い理解」や「作品観に浸る」ことができたといえます。この点の聴覚障害児の実態を物語文「スイミー」の授業の例を用いて考えてみましょう。スイミーは、仲間の小さな魚が大きなマグロに食べられてしまった経験から、小さな魚が集まって、大きな魚から自分たちを守ることを考え、成功するという感動の物語で、皆で力を合わせることの素晴らしさ、いわゆる集団効力感がテーマです。次の文章は、『スイミー』を読み終えた後、感想文を書くよう指示された健聴児と聴覚障害児の例です。

> **健聴児の作文例**（深田，2019）
> 　「私は、みんなで大きな魚を追い出したところが素晴らしいと思いました。 どうしてかというと、一人では大きな魚を追い出せないけど、みんなで大きな魚を追い出したからです。私は一年生の時、運動会のなぎさフラッグでみんなと協力してできたから、きっとスイミーも同じ気持ちだったと思います。」

　健聴児の作文からは、スイミーのテーマを把握し、スイミーに共感し、かつ爽快感を得ていることもうかがえます。このような文章を書くには、既有の「集団効力感」をベースの知識（第2章）とした構造類似性による類推するこ

と必要です。

　では、聴覚障害児の読後感想文は、どうでしょうか。

> **聴覚障害児 A**　マグロが大きくて、びっくりしました

　聴覚障害児の感想文からは、テーマの理解やスイミーの気持ちに対する共感を読み取ることができません。教科書には、マグロが大きく描かれていますので、それが心に残ったのでしょう。この理由の一つとして、聴覚障害児がスイミーのテーマと重なる価値観を既有していなかったことが考えられます。価値観の形成には、人の経験に対する周囲の人の価値づけが影響すると（瀬野, 2017）思われますが、聴覚障害児は、そのような話を、あまりしてもらっていないのかもしれません。そういえば、聴覚特別支援学校の教師は、個人を褒めることはしても、集団を褒める場面を見ることはほとんどありません（関連した話題は第 9 章）。聴覚障害児が経験した事実を大人が言葉でなぞる（例「○○をみんなでやったね」だけでなく、それを価値づける（例「みんなでやったら、できたね、すごいね」など）ことが、子供の多様な価値観の形成につながり、そのことは共感の材料づくりともなっているとの認識を大人がもつことが必要です。

4　作品に浸るための読みの指導における留意点

(1) 物語文を教師が読むときに、言葉に豊かな表情を付けて読む

　感情語を大人が話す際には、言葉の表情を豊かにすることが必要です。例えば「切ない」という言葉を聴覚障害児に話す際、ついつい「せ・つ・な・い、と言うんだよ」と分節的に話しがちですが、それでは、「切なさ」は伝わりにくくなります。「切ない」には「せつない」言い方があるはずで、言葉の意味に合う「声の表情」を伴わせることが大切です。このことは教科書を読む際も同様です。聴覚特別支援学校では、国語の時間に児童や生徒に音読させることは多く見られ、その際に「もっと気持ちを込めて読んでごらん」という指示が

なされることがあります。健聴児は、幼いときから優しい声や怒った声、喜んでいる声など、人の気持ちと声の表情と言葉の意味の関係を日常生活の偶発学習で学んでいて、いわば声の表情のストックが豊かですから文字をみても、頭の中では感情に応じた音声が聞こえ、気持ちを込めた読み方ができます。しかし、聴覚障害児は、「声の表情の記憶」は十分でないと考えられますから教師が、セリフの部分は情感豊かに読み、ト書きの文は、ト書きらしく読むなどの音読のモデルを示して、聴覚障害児に多様な音声のストックを作る必要があります。「教師は、あまり感情をこめずに読むことが、子供たちの想像を豊かにするのではないか」という声は傾聴に値しますが、これは、ある程度読める子供を対象とした場合の対応でしょう。しかし、聴覚障害児の多くは、まずは言葉の表情のストックを増やしてあげる必要があると思われます。教材一つひとつについて、子供の実態を考え、教師のモデルリーディングの方法を検討することが重要と思われます。

(2) 教師が自身の感想を話す

　「先生は、ちいちゃんのかげおくりを読むと、何度読んでも涙が止まらないんだよ。だって、あんなに小さないのに怖い思いをしたでしょ、だから家族に会えたって思ったときの気持ちを考えると、言葉が出なくなっちゃうんだよ」や「スイミーは、皆で力を合わせたところが、よくって、先生、スイミーを読むと、いつも気持ちが爽快になります」など、人は物語の、どこから、どのような感情や思いを抱くのか、これについても身近な大人が話すことにより、それが深い理解や作品に浸る子供の手がかりの一つになります。健聴児は、おそらくこのような他者の「価値観モデル」「理解モデル」「感情モデル」に偶発学習でたくさん出会い、それが言葉を使って考えることや豊かな感性の獲得につながるものと思われますから、その機会を聴覚障害児に意図的に作ることが、彼らに対する特別な支援と言えます。

(3) 登場人物の人物像を明確にする

　以前、『ごんぎつね』の授業が行われた教室で聴覚障害児に「ごんって、どんなキツネ？」と質問したことがあります。この質問に対して健聴児ならば、

「いたずらずき」「本当は優しいキツネ」のようにごんの性格を答えてくるもの
と思われますが、聴覚障害児は「茶色」と答えました。「ごんの性格は？」と
問い直せば解答は違ってきたかもしれませんが、やはり聴覚障害児は、ごんの
内面よりも見てわかる特徴に意識が向きやすくなるようです。登場人物の性格
などの属性を明確に認識できていれば、「本当は優しい気持ちをもったごんが
撃たれてしまった」と感じることができ、単に死んで悲しいよりも深い思いが
湧くものと考えられます。よって、「ごんは、どんなキツネ？」「ちいちゃん
て、何歳くらいかなあ？　どんな子かなあ？」「ちいちゃんのお父さん、お母
さんは、どんな父さん？　お母さん？」のように問いかけ、「登場人物像観」
をはっきりと認識させると、「あのかわいいちいちゃんや、優しそうなお父さ
んやお母さん、お兄ちゃんが亡くなったのか」と感じ、より深い思いに至りま
す。登場人物像観は、本文に明示されていることは少なく、文章中の一つひと
つの出来事から感じ、それらをまとめて理解するもので、健聴児であれば無意
識にイメージを膨らませるところですが、聴覚障害児は、この点の働きかけが
必要と思われますので、授業中に折に触れて「登場人物像観」を意識させる発
問や説明を授業に盛り込む工夫も求められます。

（4）共感を伴わせながら、「全文を読みとおす」

　多くの学校では、物語文全体を読み終わると、すぐに次の教材に入ります。
しかし、せっかく、聴覚障害児が物語の筋だけでなく、登場人物に共感し、
テーマを感じ取り、心を動かすことができたのならば、その気持ちをもって全
文を読みとおして、「作品に対する意味付け」（坂口，2015）を実感する機会が
あるとよいと思っています。単元の始めだけでなく、単元の終わりにも全文を
読みとおす指導計画を立てることの検討も必要でしょう。

5　道徳性の発達

　これまで取り上げた他者の状況理解に基づく共感性や価値観の獲得は、困っ
ている人に手を差し伸べるなどの好社会的行動や道徳性の判断の発達に影響す
ることが知られています（溝川・子安，2015）。聴覚障害児の教育において道徳

性の発達の問題は、古くから研究され、我が国では坂本（1981）が見られます。これは、次のような二つの場面の漫画を健聴児と聴覚障害児に読ませ、道徳的な判断を求めるという手続きで行われました。漫画の場面の一つは、お母さんのお皿洗いのお手伝いをしている秋子さんがお皿を 5 枚割ってしまうというものです。もう一つは、お皿洗いをしているお母さんのそばで、遊んでいた春子さんが、お母さんから「あそんじゃだめよ」と注意されたにも関わらず遊び続け、お皿を 1 枚割るというものです。この場面を子供に伝えた後、「悪いのは、秋子さんと春子さんのどちらですか」と尋ねると、答えは大きく 2 種類に分かれることが知られています。一つは、「秋子さん、だって 5 枚割っているから」と行為の結果から考える「結果的判断」と、もう一つは、「春子さん、お母さんの言うことをきかないで、お皿を割っているから」と行為の動機から考える「動機的判断」です。健聴児の場合、小学校の低学年では、「結果的判断」をする者の割合が多く、高学年になると「動機的判断」をする者が多数となります。これは、子供が、加齢に伴い他者の状況とそれに応じた心情を理解することができるようになるためと説明されます。聴覚障害児も、同様の傾向が見られるものの、健聴児と比較して遅れ、また小学校高学年や中学部生徒になっても「結果的判断」をする者が存在しました。同様の結果は、尾崎ら（2007）でも見られ、比較的最近の聴覚障害児にも道徳性の発達に課題があるといえるでしょう。道徳性の判断が健聴児よりも遅れるということは、クラス内で何か問題が生じたとき、その解決をめぐって多くの健聴児は動機的判断をしているのに、聴覚障害児は結果的判断をするということが起き、これによってクラス内で聴覚障害児が孤立してしまうということにもなりかねません。

　では、聴覚障害児の道徳的判断の力を高めるためには、どのようにしたらよいのでしょうか。坂本（1981）では、皆で共同して何かをする場を設けるなどの環境調整の必要性が指摘されています。しかし、近年の健聴児を対象とした研究を見ると、幼児や小学校低学年児童でも状況と動機を明示すれば、道徳的な判断が促進されるとの報告があることから（竹村・渡部，1991；田中，1994）、聴覚障害児にも他者の状況と心情を丁寧に伝えれば、道徳的判断の基準が動機に向き、また認知的共感も可能となることが期待できます。つまり、

「心の理論」の指導と同様の関わりが道徳性の向上につながるということです。その実践例は島根県立松江ろう学校中学部（2021）に見ることができます。松江ろう学校中学部では、中学部の生徒の道徳的判断が未熟なのもの、人を思いやる心情が無いわけでなく、また一度決めたことにかたくなにとらわれるパーソナリティによるものでもなく、社会の一般的な知識不足から生じる他者の状況分析力（人のクールな面）の不足に由来すると考え、この点の指導の重点を置きました。例えば「2通の手紙」では、警備員という仕事の内容や役割、責任、動物園の状況（健聴児であれば偶発学習で得ていると思われる知識）の説明に時間をかけ、その上で登場人物の置かれた状況、それに伴う心情を考えさせる指導を繰り返しました。その結果、以前は登場人物に情動的に共感や反感をもっていた生徒が、様々な人の立場と心情を踏まえた認知的共感に変化したことが報告されています。この実践は聴覚障害児の道徳性の発達の遅れの原因を知識や認知面を含めた弱さに求め、それに応じた指導を行った点で聴覚障害児の道徳指導を考える際の貴重な資料と言えます。

6　第 3 の方針：言葉にならない気持ちを言葉で育てる

　本章では、聴覚障害児の共感性という人の「ホット」な面を育てることを中心に考え、それは他者の状況分析力や価値観などの知識という「クール」な面の育ちが基礎となっていることを述べました。「クール」な面は、第 1 章で話題にした「言葉によって、現象を関係的に捉えなおす」ことであり、「言葉にならない」ような深い心の動きには、言葉を用いた思考が関与している点に留意が必要です。聴覚特別支援学校では、「いろいろな人の気持ちを考えてください」という指示は、よく行いますが、状況を考える力を高めたり、考えるための材料となる言葉や知識、価値観を与えたりする指導は少ないからです。様々な立場の人の気持ちを確かに捉え、それに基づく行動ができる人は、社会でも高い評価を得ます。聴覚障害児が、そのような成長ができるよう、幼児期から、どのような指導が必要かを共感性という観点から検討することが大切でしょう。

文献

Convertino, C., Borgna, G., Marschark, M., & Durkin, A. (2014) Word and World Knowledge among Deaf Earners with and without Cochlear Implants. *Journal of Deaf Studies & Deaf Education, 19*, 471-483.

Doyle, M. & Dye, L. (2002) *Mainstreaming Students who is Deaf or Hard-of-Hearing.* A Guide for professionals, teachers, and parents. http://www.handsandvoices.org/pdf/mainst_cal.pdf

Eisenberg, N, & Miller, P. A. (1987) The relation of empathy to pro-social and related behaviors. *Psychological Bulletin, 101*, 91-119.

遠藤利彦 (2002) 発達における情動と認知の絡み. 高橋雅延・谷口高士編　感情と心理学：発達・生理・認知・社会・臨床の接点と新展. 北大路書房, pp.2-40.

藤野博 (2012) 聴覚障害児の「心の理論」と言語発達の関係. 聴覚障害児の日本語発達のために〜ALADIN のすすめ〜. テクノエイド協会, 168-171.

深田弘子 (2019) 「深い学び」に向かう〜読書を通して読む・かくちからをつけるために〜. 鶴学園, 173.

東山薫 (2011) 5, 6 歳児の心の理論と母親の子心についての説明の関係. 教育心理学研究, 59, 427-440.

Jolliffe, D. & Farrington, D. P. (2006) Examining the relationship between low empathy and bullying. *Aggressive Behavior, 32*, 540-550.

Mathews, G.　小松佐穂子訳 (2011) 情動的知性と知能. 箱田裕司編　現代の認知心理学 7 認知の個人差. 北大路書房, 26-51.

溝川藍子・子安増生 (2015) 他者理解と共感性の発達. 心理学評論, 58, 360-371.

Netten, A. P., Rieffe, C., Theunissen, S. C. P. M., Soede, W., Dirks, E., Briaire, J. J., & Frijns, J. H. M. (2015) Low empathy in deaf and hard of hearing (pre) adolescents compared to normal hearing controls. PLoS One, 10, e0124102.

尾崎有子・相澤宏充・澤隆史 (2007) 聴覚障害児の道徳的判断. 日本特殊教育学会第 45 回大会発表論文集 P5-101, 800.

Peterson, C. C. (2015) Empathy and theory of mind in deaf and hearing children. *Journal of Deaf Studies and Deaf Education, 21* (2), 141-147.

坂本伸哉 (1981) 聴覚障害児の道徳的判断に関する一研究. ろう教育科学, 23, 51-70.

坂口嘉菜 (2015) 教科の視点を忘れない聾教育―文学的文章の〈読み〉の実践を通して―. 聴覚障害, 70, 40-45.

瀬野由衣 (2017) 乳幼児期・児童期の発達研究の動向と展望　他者とのかかわりという視点から. 教育心理学年報, 56, 8-23.

島根県立松江ろう学校中学部 (2021) 思考力・判断力・表現力を育てるための授業づくり〜生徒の重点目標達成に向けた実践を振り返り　次の授業へつなげる取組〜. 第 55 回全日本聾教育研究大会【島根大会】研究紀要.

相馬壽明・関根弘子 (1986) 聴覚障害児童・生徒の語彙に関する研究―感情語を用いて―特殊教育学研究, 24 (2), 27-34.

竹村和久・渡辺弥生 (1991) 6 歳児の道徳判断における情報探索と因果推論. 教育心理学研究, 39 (2), 186-194.

田中吉資 (1994) 物語文法の立場から見た道徳的判断の発達的研究. 香川大学教育実践研究, 22, 73-84.

第**4**章 聴覚障害児の知識
第4の方針：豊かな思考ができる知識を育てる

1　知識のモデル

　これまでに聴覚障害児の知的な働きや共感性の発達に言葉などの知識不足の関与を指摘しました。では、聴覚障害児の知識の不足とは、具体的にどのような状態を指すのでしょうか。単に量的に不足しているのか、それとも健聴児とは質的に異なっているのか、この点は、情報の与え方という教育的に重要な点と結びつきますから、本章では、この点について聴覚障害児の知識の実態を検討します。なお知識には、主に「宣言的知識」と「手続き的知識」があり、本章では思考と関係が深い「宣言的知識」に焦点を当て、以下、「知識」とします。

　まず人間の知識は、どのように頭の中に収められているかを見ておきましょう。**図4-1**は、Colins & Loftus（1975）による「活性化拡散モデル（Spreading activation model）」と呼ばれる意味的な記憶の表象モデルで、知識の構造を示しています。これは概念が意味的なネットワークを形成していることを示し、意味ネットワーク内の一つの概念が想起されるとノードで結び付いた関連概念も活性化されます。例としては、救急車と消防車が走っていくのを見れば、どこかの家で火事があったと考えることです。また概念は、カテゴリを形成し、「果物といえば、リンゴ、サクランボ、なし」などの連想を可能にします。

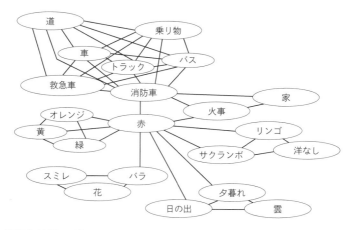

図 4-1　活性化拡散モデル
出典：Colins, A. M. & Loftus, E. F. (1975) A spreading-activation theory of semantic process-
ing. *Psychological Review, 82*, 407-428

2　聴覚障害児の意味ネットワークの特徴

(1) 意味ネットワークが粗である

　健聴児に「ゾウについて、知っていることを話してみて」と言うと「鼻が長い」「耳が大きい」などの見た目の特徴に加え、「人の手伝いをして役に立つ」という機能面や「砂漠」など生活の場所に関することにも触れるなど、いくつかの視点から捉えた属性を答えます。このように、一つの言葉からたくさんのイメージが浮かぶ状態を聴覚障害児教育の教育現場では、「太った言葉」と呼んでいます。一方、聴覚障害児からは、「鼻が長い」などの視覚的な特徴が主に語られ、数的にも健聴児より少なく、このことを「やせた言葉」と呼んでいます（図 4-2）。

　「太った言葉」と「やせた言葉」を意味ネットワークと関連させて考えてみると、「太った言葉」のほうがネットワークは密で豊かな概念構造となり、豊かな思考を生み出します。一方、「やせた言葉」の場合は、ネットワークが粗の状態となり、思考は広がらず、このことは読みにも影響します（原山、

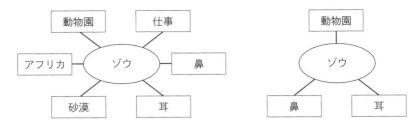

図 4-2　「太った言葉」と「やせた言葉」

2018)。以前から、「聴覚障害児は思考が固い」と言われてきましたが、その原因には、「やせた言葉」がもたらす粗な意味的ネットワークがあるのかもしれません。そこで、聴覚障害児の言葉を太らせ、意味ネットワークを密にすることが重要となり、これについて松本（2008）は、コミュニケーションをとおして行う方法を提案しています。例えば、子供が「ケガ」したことを教師に伝えた場合、教師は、単に「ケガしたね」で終わるのではなく、「カサブタができるまで、何日かかるかな」「絆創膏、貼ろうね」などと話して、ケガに関連する言葉を太らせるというものです。この方法は、子供にとっても概念間の関係の理解がしやすく、言葉の定着にも有用でしょう。その実践例を以下の授業例で見てみましょう。

教師　明日から、夏休みですね。夏休みは、いっぱい遊んでくださいね。
　　　　夏休みは何をしたいですか？
聴覚障害児 A　プール
聴覚障害児 B　バイク
教師　バイク？
聴覚障害児 B　うん

　上記のやりとりは、教師が「夏休み」から連想されることを幼児に問いかけた場面です。聴覚障害児 A の「夏休み」-「プール」はわかりやすく、「夏休み」という言葉が少し太っていることがわかります。しかし、聴覚障害児 B の「バイク」は、「夏休み」との関係がわかりません。教師は、この後、以下

のように反しました。

> **教師**　あ、そうだったね。Bちゃんのお家は、夏にお父さんのバイクで遊びに行くんだもんね。

　聴覚障害児Bの家では毎年、父親のバイクを使って旅行にたくさん行くそうで、子供の頭の中のイメージでは、「夏休み」と「バイク」が意味的につながっていました。しかし、やはり一般的には「夏休み」から「バイク」は直接的に連想されません。そこで教師は、「遊び」で両者をつなぎました。また、この場面では、「夏にお父さんのバイクで旅行に行くんだもんね」と言って「夏休み」－「旅行」という太らせ方をすることもできました。そうすることによって、「じゃあ、Cちゃんちは？　車で旅行に行くんだね。Dちゃんちは？　新幹線か。新幹線で夏休みに旅行なんて、楽しみだね」と話せば、「夏休み」－「旅行」－「バイク」、「車」、「電車」と言葉を太らせ、意味ネットワークも豊かにすることもできた場面でした。

(2) 意味ネットワークが誤って形成されている

　聴覚障害児の概念のネットワークの実態に関する興味深い研究に澤（2007）があります。この研究では、子供もよく知っている名詞30個を絵カード化し、事物分類課題が行われました。例えば、実験者が「これを動物の仲間で分類してください」と指示するもので、この課題に対しては健聴児も聴覚障害児も「犬、うさぎ、きりん……」と同じ反応をみせました。ところが、「音が出るもの」で分類させたところ、健聴児は「犬、車、新幹線、テレビ、電話……」、聴障児は「犬、うさぎ、車、テレビ、電話……」と両者は異なる反応をしました。聴覚障害児は、ウサギは音を出していると思っているようです。では、どんな音でしょうか。論文には示されていませんが、「ピョン、ピョン」だと思われます。大人が子供にウサギの話をするときやまねをするときは、よく「ウサギさん、ピョン、ピョン」と言いますし、ウサギの絵の横には、「ピョン、ピョン」と書かれていることが多いので、それを聴覚障害児はウサギの鳴き声と思っているのでしょう。健聴児も「ウサギさん、ピョン、ピョン」と言

われる経験はしているはずですが、彼らはウサギやカメを見たとき、鳴かない、音を出していないことを偶発学習するので、ウサギを音が出ないものの仲間と認識できるのでしょう。このことから、聴覚障害児の意味ネットワークは、健聴児と異なる構造をもっていることが示唆され、両者の知識は質的に異なることがわかりました。そうなると、人は、意味ネットワークに沿って思考するので、聴覚障害児は、連想という思考はできても、その結果を誤るということになってしまいます。聴覚障害児が突然、脈絡のない話や話題からそれた話を始めることをよく見ますが、その理由の一つには、意味ネットワークに生じた何らかの歪みが関係しているのかもしれません。そこで、ウサギを音が出るものと理解している子供には、ウサギと出会わせたときに、「ウサちゃん、鳴かないね。静かな子だね」などと言って、ウサギの言葉が正しく太るようにコミュニケーションをすることが重要でしょう。

3　知識の形成と偶発学習

　これまでで聴覚障害児の意味ネットワークは粗であり、また誤っている部分があることを述べました。では、その理由は何なのでしょうか。それを検討するために、以下の聴覚障害中学部生徒と教師の会話をご覧ください。

教師	来週は、いよいよ花屋さんでの職場体験です。何か気をつけることはありますか。
生徒	わからないことがあったら、社長に聞きます。
教師	社長？　うーん、社長さんは、いないかもね。
生徒	わかった！　村長。
教師	え？　村長？　なんで？
生徒	じゃあ、市長。
教師	市長？　えーっと、どこに職場実習行くんだっけ？
生徒	じゃあ、飼育員。
教師	飼育員？
生徒	花屋さんなら、育てるでしょ。飼育員、飼育員。

> **教師**　飼育員は、いないと思うよ。
> **生徒**　いるよ、育てるから。

　この生徒は、社長や市長、村長など言葉は知っているのですが、どうにも不思議な使い方をしています。おそらくは、「長」が付くのは偉い人というくくりのネットワークなのでしょう。健聴児であれば、市長と村長は公共団体の長であり社長は私企業の長であることを知っているために、市長や村長と同じカテゴリでは捉えません。健聴児が、なぜこのような概念の形成ができているかと言えば、教科学習の成果もあると思いますが、それに加えニュースや街角、家庭内で「市長選挙」や「町長選挙」という言葉を何度か聞き、また親と投票に行く際に、その道すがらや投票所で「市長選挙」や「町長選挙」という言葉に繰り返し触れた偶発学習の関与も少なくないものと思われます。「飼育員」についても同様で、飼育員は動物を育てる人であるとの定義を明確に学んだというのではなく、「動物園の飼育員さん」という言葉のつながりに日常生活の中で何度か触れているうちに、「飼育員」－「動物」というネットワークができたはずです。つまり、豊かで正しい意味ネットワークの構築には偶発学習が大きく関与しているということであり、ウサギは鳴かないという知識も偶発学習の関与がうかがわれます。しかし、聴覚障害児は聴覚に障害があることから偶発学習が難しいことは、既に指摘したとおりですから、偶発学習しやすい聞こえの環境を作る、健聴児が偶発学習で学ぶ内容を意図的に取り上げる（「偶発学習の意図的指導化」、第 3 章、第 7 章）ことを行います。後者は、ニュースなど世間で取り上げられたことを朝のホームルームや給食の時間に意図的に話題にすることが、その具体例です。これを統一地方選挙のころに、毎晩のように流れる、どこかしらの自治体の選挙結果を朝のホームルームで何度も取り上げたクラスでは、ある生徒から「また市長選挙 ⁉」と言う発言が出ました。これは、「市長」－「選挙」という意味的なつながりができたことを示唆し、「偶発学習の意図的指導化」を繰り返すことの効果と言えるかもしれません。

4　知識と言語学習

　これまでは、既に形成された聴覚障害児の意味ネットワークの状態を中心に検討してきましたが、意味ネットワークは新たな概念を獲得するときにも機能します。その例を慣用句の学習で見ていきましょう。皆さんは、「もやしは、足が速い」という言葉を聞いたことがあるでしょうか。これは、もやしが腐りやすいことを表しています。私は、この言葉を最初に聞いたとき、一瞬、その意味がわからなかったものの、母親が苦々しい表情で冷蔵庫を覗いていたことから、すぐに「なるほど」と意味がひらめいたことを覚えています。このように人は、言葉の意味を、いわば、ひらめきで理解することがあり、それは心理学的には意味的転写という現象として説明されます（澤, 1999）。意味的転写とは、比喩文の趣意（「○○は、△△のようだ」と言うときの○○）に、比喩文の媒体（「○○は、△△のようだ」と言うときの△△）の属性を当てはめることです。「もやしは、足が速い」の場合、まずは媒体である「足」と「速い」は意味的ネットワークでは近いところに位置し、連想しやすい関係にあると思います。それと「もやし」は「腐る」という属性がつなげられて、「もやしは、足が速い」の意味が認識されるというわけです。このように比喩文理解には、意味的転写、すなわち意味的ネットワークの新たなつながりができることが重要です。では意味的転写が起きやすいのは「太った言葉」でしょうか。「やせた言葉」でしょうか。これは、いうまでもなく「太った言葉」です。「太った言葉」からは、多くのつながりが出ていますから、ほかの言葉と新たに結び付く可能性が、「やせた言葉」より高いからです。聴覚障害児は、比喩表現の一つである慣用句の習得の程度が健聴児と比した場合に低く（長南・澤, 2007）、このことも聴覚障害児の言葉はやせていて、意味的転写が行えないためと考えれば理解できます。そう考えた場合、聴覚特別支援学校の先生が、教室に慣用句事典を置き、聴覚障害児に読ませる指導をよく見ますが、これに「あまり効果がない」という声が聞かれるのも納得がいきます。言葉を太らせ、意味的転写が起きやすい意味ネットワークの状態にしておかないと、事典を読んでも、ひらめきが伴わず、そのため健聴児のようには定着しないのかもしれません。

5　第 4 の方針：豊かな思考ができる知識を育てる

　本章では、聴覚障害児の知識に焦点を当て、その実態を検討し、聴覚障害児の知識は健聴児と質的に異なり、その原因には、言葉がやせていることと、間違った太り方をしている言葉があることが考えられました。聴覚障害児の知識は量的にも不足しますが、質的にも課題があるとの点は重要で、言葉の数を増やすだけでなく、言葉を太らせ、言葉同士のつながりの確かさを考慮した指導の必要性に気が付かせてくれるからです。そこで偶発学習の確保や偶発学習の機会を意図的に保障するなど、教科指導場面以外での工夫も用いて知識を豊かにする工夫も必要となり、これも聴覚障害児に対する特別な支援の一つと言えるでしょう。

文献

長南浩人・澤隆史（2007）読書力診断検査に見られる聾学校生徒の読書力の発達．ろう教育科学，49（1），1-10.

Colins, A. M. & Loftus, E. F. (1975) A spreading-activation theory of semantic processing. *Psychological Review, 82*, 407-428

原山綾花（2018）人工内耳装用児の推論を伴う思考力を高めるために～国語科の指導に焦点を当てて～．聴覚障害，73，32-37.

松本末男（2008）日本語の獲得を目指して―幼稚部での取り組み―．ろう教育科学，49（4），1-8.

澤隆史（1999）聴覚障害児における比喩文の解釈に関する研究．特殊教育学研究，37，59-69.

澤隆史（2007）聴覚障害幼児におけるカテゴリ化の特徴について―カテゴリの種類と事例選択の関連―．東京学芸大学紀要総合教育科学系，58，315-322.

第5章 聴覚障害児の記憶
第5の方針：覚えたことを使って考える力を高める

1 聴覚障害児のワーキングメモリの実態

　人は思考をするにも、人の気持ちに認知的に共感するにも、また知識を増やすにも、得られた情報を記憶しておくことが必要です。しかし、聴覚障害児はこれらの記憶が難しく、特に言葉は健聴児よりもはるかに多く話しかけないと、すぐに忘れてしまうということが繰り返し言われてきました。そこで聴覚障害児の記憶については、主に言葉の短期記憶に関心が寄せられ、その中でも音声言語のワーキングメモリは読みや学力などと関連することから、研究も盛んに行われています。

　ワーキングメモリは、「種々の認知課題を遂行するために一時的に必要となる記憶の機能、あるいはそれを実現しているメカニズムやプロセス」（齊藤, 2000）と定義され、入力された情報を保持しながら、新たに入力される情報を処理する点に特徴があります。例えば、「7129468」を数字列を見ないで再生しなさいと言われた場合、数字列を保持し、それを単純に再生すればよいだけなので、さほど難しくありませんが、「7は4より後にあったか」と言われると、「7129468」を覚えながら（保持）、数字の順番を考え（処理）なくてはならず、ワーキングメモリを働かせる場合は、保持のみの単純な記憶の再生よりは難しく感じます。

　言葉を保持しながら、処理を繰り返す言語性ワーキングメモリは、多くの学習場面で利用されます。例えば、文章を理解するには、既に読み終えた個所の内容を覚えて（保持）いなくては、今読んでいる箇所で省略されている情報（例えば、主語）を補う（処理）ことができず、誰が何をしているかがつかめな

くなったり、指示詞の参照（処理）ができなくなったり、さらには文章全体の内容が理解（処理）できなくなったりします。また算数の繰り上がりや繰り下がりでは、例えば 10 の位から数を借りていることを覚えてながら（保持）、次の位の計算をしなくてはならない（処理）ので、ここでもワーキングメモリを機能させます。そのほかにも例を挙げればきりがなく、このためワーキングメモリは、読みや学力などの高次な精神作用と深くかかわっていると言われています（Alloway et al., 2009）。

　聴覚障害児のワーキングメモリの発達が健聴児と比較した場合に遅れを示すとする報告は、内外に多くみられ（Daneman et al., 1995; Garrison et al., 1997; Hanson et al., 1984；中村，2000；大越・澤，2003；澤，2003）、これが聴覚障害者の学力の遅れの要因となっています（Blair, 1957; Marschark et al., 2009）。そのことが顕著に現れるのは読みと思われますので、その具体例を以下の聴覚特別支援学校小学部の国語の読み指導で見てみましょう。教材は「どうぶつの赤ちゃん」（光村図書　一年下）という説明文です。これには、ライオンの赤ちゃんの成長の過程が書かれ、赤ちゃんは生まれて間もなくは、お母さんのお乳を飲んでいますが、やがて、お母さんや仲間がするのを見て、獲物の取り方を覚えると書かれています。本文では、「一年ぐらいたつと、おかあさんやなかまがするのを見て、えもののとりかたをおぼえます。」と主語が省略された表現が用いられています。これを読み終わった後の教師と聴覚障害児の会話です。

教師　獲物の取り方を覚えるのは誰ですか。
聴覚障害児　おかあさん。

　この発問の正解は、「ライオンの赤ちゃん」で、それは、以下のような思考を経て得られます。
①先生は「えものの取り方を覚えるのは誰か？　と尋ねているな」という問われていることの確認
②「『お母さんや仲間がするのを見て』と書いてある。だから獲物を取るのは、お母さんや仲間ではない」（「の」に注目した文法知識の利用）
③「この文章は、ライオンのあかちゃんのことが書かれてあった」（読みによっ

て得られた情報の保持）

④「だから、えものの取り方を覚えるのは、ライオンの赤ちゃんだ」①〜③を使って省略された主語を推論（情報をつなげて思考するという処理）

　①〜④の過程は、文法知識を使うことに加え、それまでに読み終えた内容の記憶を使って成り立っています。細かく言うと、読み終えた語句や文というミクロな情報を頭に「貯めて」（保持）、それらを「つなげて」短い理解を作り（処理）、さらに段落内や段落同士に広げたメゾレベルの理解を作った後、文章全体というマクロなレベルの意味を最終的に形成します。つまり読みは、ワーキングメモリを使って、情報を「貯めて」「つなげて」「考える」ことといえます。

　一方、聴覚障害児は省略された主語を見出だすことができなかったようで、以下のような思考を辿ったものと思われます。

①先生は「えものの取り方を覚えるのは誰か？　と尋ねているな」という発問の確認

②「えもの……えもの」と教師の発問に使われた言葉が書かれている教科書の場所を探す

③「あった」（本文の「えもの」の周辺に視点を移す）

④「誰って言った？　誰々……あった」と獲物の近くに書かれていて、動作をしそうなものを見つける

⑤「お母さん」と答える。

　これは、第1章で紹介した、視覚的一致方略による解答です。このような思考となった理由の一つには、聴覚障害児は既読個所の情報を忘れてしまう（保持できない）という Kelly（2003）の指摘が考えられ、発問されたときの現読個所で獲物を取りそうな登場人物を視覚的に探索したと考えられます。ワーキングメモリが機能しない場合、「貯める」ことができないのだから「つなげる」こともできず、よって「考える」方法が、視覚的一致方略になるのもうなずけます。

2 聴覚障害児のワーキングメモリの指導

　では、なぜ聴覚障害児は、言語性のワーキングメモリに発達遅滞を見せるのでしょうか。その理由としては、聴覚障害が音声言語の音響情報の十分な受聴を阻害し、その結果、音韻表象形成の不全による調音速度の遅さと音韻的リハーサルの未使用あるいは未熟さを引き起こすためと説明されています（Burk-holder & Pisoni, 2003; Pisoni & Cleary, 2003）。調音速度の遅さは、読解中の単語認識の遅さにつながり、読みにおける流暢さと理解力の欠如に関係します（Kelly, 1993; Nagy et al., 1989）。したがって聴覚障害児に聴覚活用や発音・発語指導及び読話指導（Kyle & Harris, 2006）といった、いわゆる聴覚口話法による指導で、調音の円滑化や音韻的リハーサルの使用を可能にする指導が、必要といわれています（McQuarrie & Parrila, 2009; Kyle & Harris, 2006, 2010; Pisoni & Cleary, 2003; Geers et al., 2011）。また国語の授業であれば、既に読み終えた個所に何度か戻り、そこも含めて本文を健聴児以上に何度も音読（音読は、読みにおけるワーキングメモリを改善するとの報告（室谷ら, 2006）があります）させることで、情報を「貯めて」「つなげて」「考える」過程を繰り返し辿らせることも必要です。

　読みのワーキングメモリの向上は、教材の使い方を工夫することでも行えます。

　まずは以下の文章を読んでください。

「6月5日（月）」

　ぼくの住んでいるところも、昨日、つゆいりしました。去年より 10 日も早いそうです。今日も雨が降っています。一週間続けて雨です。この時期、雨になると出てくる動物がいます。ぼくは、それが嫌いだから雨も嫌いです。

　では、次に、今読んだ文章を見えないように何かで隠して、次の質問に全て答えてください。

Q1. 今年、つゆいりしたのは何月何日ですか。

Q2. 去年、つゆいりしたのは何月何日ですか。

Q3. 先週の木曜日の天気は何でしたか？

Q4. ぼくが嫌いな動物は何ですか？

Q5. それとは何ですか。

　いくつの問いに解答できたでしょうか。お気づきのことと思いますが、答え は全て本文に書かれてなく、文脈を保持し、推論しなくてはならない問題ばか りです。

　では、もう一度、文章を読んでください。

> 「6 月 5 日（月）」
>
> 　ぼくの住んでいるところも、昨日、つゆいりしました。去年より 10 日 も早いそうです。今日も雨が降っています。一週間続けて雨です。この時 期、雨になると出てくる動物がいます。ぼくは、それが嫌いだから雨も嫌 いです。

　いかがでしょうか。2 回目の読みにおいては、初読時よりも既読箇所から得 られた情報に自然と意識が向けられ、しっかりと頭に「貯めて」、それを「つ なげ」たうえで、「考え」ながら読んでいることが実感できたのではないで しょうか。筆者は、これを「文章記憶思考法」とよんでいます。これまでも聴 覚特別支援学校では教科書などの文章を暗記させる指導は行われてきました が、それは言語表現の記憶が狙いで、それに処理を加えるという指導は、ほと んど行われてなかったと思います。この「文章記憶思考法」を何度か実践をす ると、子供たちは、問題が出されることを予期するようで、例題のような文章 を書いた紙が配られると、文章の記憶と思考を初読のときから自発していると 思われる言動をする子供も観察されるようになりました。

　言語性ワーキングメモリは、コミュニケーションによっても高めることがで きます。例えば、聴覚障害児に「教科書の 36 ページを開いてください」とい うとき、教師は、どのような言動をしているでしょうか。よく見られる例とし

て教師が 36 ページを開いて、聴覚障害児にページ全体を見せるというもので
す。この場合、聴覚障害児の多くは、36 ページの挿絵や写真、レイアウトと
いった視覚的情報を手掛かりにしてページを探すようで（これは、聴覚障害児
の視線がページ数の書かれた場所に集中せず、教科書の全体を見回しているような
目の動きをすることから推察されます）、これでは、視覚的一致方略による問題
解決ですから、「36 ページ」という言葉を記憶しながら該当箇所を探すという
ワーキングメモリを活用した認知活動となっていません。言葉を頭に「貯め
て」、それを用いて問題解決させるような場面を多く作ることがワーキングメ
モリの能力向上と関連しますから、「36 ページを開いてください」と言葉で指
示するコミュニケーションをするといった工夫が必要でしょう（この方法を取
ると、「36 ページ、36 ページ、あった」といって言語情報を保持し、音韻的リハー
サルをする子供が出てきます）。

　生活場面では、お手伝いをさせるのも良い方法です。例えば、料理の手伝い
を例に取れば、食材を切りながら、脇で煮ている時間を気にする、その際に
「煮るのは○○分までだから、あと少しだな、それまでにこれを切っちゃおう」
のように言語情報の保持もなされ、切ることと煮ることとに注意を配分するわ
けですから、ワーキングメモリをかなり使うはずです。そのほかにも家事は、
ワーキングメモリが働かないと失敗することばかりですから、会話をしながら
言葉を保持して処理する機会を作るとよいでしょう。

　そのほかには、ワーキングメモリの向上を目的としたゲームを開発し、その
効果を検証した研究が見られ（Nunes et al., 2014）、その結果は聴覚障害児の
ゲーム得点に向上がみられるというものでした。ここで問題となるのは、ゲー
ムで向上したワーキングメモリは学力に般化するのかという点です。健聴大学
生を対象とした林ら（2004）は、ワーキングメモリを向上させるゲーム得点の
向上と英語の読み得点とは関係しなかったという報告をしています。このこと
は、ワーキングメモリが学力そのものではなく、高いワーキングメモリは、読
みや教科の学習をしやすくする要因に過ぎないということを教えてくれます。
言われてみればあたりまえのことですが、ワーキングメモリが高まれば自然と
読みの力や学力が向上するような誤解が生じやすいので留意したいところで
す。

3　第 5 の方針：覚えたことを使って考える力を高める

　　これまでも聴覚障害児教育において言葉をいかに聴覚障害児に覚えさせるか
については実践の場での関心が高く、言わせる、聞かせる、書かせるなどの多
用な方法で繰り返させるという指導が行われてきました。しかし覚えた言葉を
使って考えさせるというワーキングメモリを使った活動については、あまり有
効な実践が提案されてきていません。これに関して、本書で紹介した方法の実
践効果や改良、新たな指導法の提案が期待されます。

文献

Alloway, T. P., Gathercole, S. E., Kirkwood, H., & Elliott, J. (2009) The cognitive and behavioral characteristics of children with low working memory. *Child Development, 80*（2）, 606-621.

Blair, F. (1957) A study of the visual memory of deaf and hearing children. *American Annals of the Deaf, 102*, 254-263.

Burkholder, R. A. & Pisoni D. B. (2003) Speech timing and working memory in profoundly deaf children after cochlear implantation. *Journal of Experimental Child Psychology, 85*, 63-88.

Chonan, H.（2016）Memory Strategy in Reading Span Test of Hearing-Impaired Persons. *The Japanese Journal of Hearing and Language Disorders, 45*（1）, 33-41.

Daneman, M., Nemeth, S., Stainton, M., & Huelsmann, K. (1995)　Working memory as a predictor of reading achievement in orally educated hearing-impaired children. *Volta Review, 97*, 225-241.

Garrison, W., Long, G., & Dowaliby, F. (1997) Workin memory capacity and comprehension in deaf readers. *Journal of Deaf Studies and Deaf Education, 2*, 78-94.

Geers, A. E., Strube, M. J., Tobey, E. A., Pisoni, D. B., & Moog, J. S. (2011) Epilogue: Factors contributing to long-term outcomes of cochlear implantation in early childhood. *Ear Hear 32*（1 Suppl）, 84S-92S.

Hanson, V. L., Liberman,, I. Y., & Shankweiler, D. (1984) Linguisitic coding by deaf children in relation to beginning success. *Journal of Experimental Child Psychology, 37*, 378-393.

林裕子・小林大晟・豊重剛（2014）大学生におけるワーキングメモリトレーニングの効果と
その持続性・汎化性の検証. 佐賀大学文化教育学部研究論文集, 19（1）, 71-94.

Kelly, L. (1993) Recall of English function words and inflections by skilled and average deaf readers. *American Annals of the Deaf, 138*（3）, 288-296.

Kelly, L. P. (2003) The importance of processing automaticity and temporary storage capacity to the difference in comprehension between skilled and less skilled college-age deaf readers. *Journal of Deaf Studies and Deaf Education, 8*, 230-249.

Kyle, F. E. & Harris, M. (2006) Concurrent correlates and predictors of reading and spelling achievement in deaf and hearing school children. *Journal of Deaf Studies and Deaf Education, 11* (3), 273-288.

Marschark, M., Sapere, P., Convertino, C. M., Mayer, C., Wauters L., & Sarchet, T. (2009) Are deaf students' reading challenges really about reading? *American Annals of the Deaf, 154* (4), 357-70.

McQuarrie, L. & Parrila, R. (2009) Phonological representations in deaf children: Rethinking the "functional equivalence" hypothesis. *Journal of Deaf Studies and Deaf Education, 14* (2), 137-154.

光村図書（2021）こくご　一下．

室谷直子・前川久男・細川美由紀・二上哲志（2006）読み障害児の言語性ワーキングメモリ課題遂行上の特徴と音読の効果について．LD 研究, 15 (1), 100-109.

Nagy, W., Anderson, R., Schommer, M., Scott, J., & Stallman, A. (1989) Morphological families in the internal lexicon. *Reading Research Quarterly, 24*, 262-282.

中村真理（2000）聴覚障害児の文章読解力（3）―リーディングスパンとの関係―．東京成徳大学研究紀要, 91-98.

Nunes, T., Barros, R., Evans, D., & Burman, D. (2014) Improving deaf children's working memory through training. *International Journal of Speech & Language Pathology and Audiology, 2*, 51-66.

大越麻貴・澤隆史　2003　聴覚障害児の文章理解力と作動記憶容量―リーディングスパンテストを指標として―．日本特殊教育学会第 41 回大会発表論文集, 211.

Pisoni, D. & Cleary, M. (2003) Measures of working memory span and verbal rehearsal speed in deaf children after cochlear implantation. *Ear and Hearing, 24*, 106S-120S.

斎藤智（2000）作動記憶．太田信夫・多鹿秀継編　記憶研究の最前線．北大路書房．

澤隆史（2003）聴覚障害児・者の作動記憶に関する研究の動向．特殊教育学研究, 41 (2), 255-267.

第6章 聴覚障害児のメタ認知能力
第6の方針：自己の客観化能力を育てる

1 メタ認知能力と聴覚障害児

　聴覚障害児の発達の中で健聴児との違いが見られ、思考や学習などと深い関連が指摘されているものにメタ認知能力があります。メタ認知能力は、「認知に関する認知」のことで、記憶や思考などの自己の認知活動を捉える力のことです（三宮，2008）。いわば、言葉を思考の道具として、自分を対象とした思考力のことです。具体的には、英単語の記憶という認知活動が、うまくいかない場合、その理由を「ちょっと一遍に覚え過ぎかな」と自己の学習状態を客観的に捉え、さらに「覚える量を減らすか」と自分で自分をコントロールすることです。またメタ認知能力を働かせる際に、「覚える量を減らすか」と自分で自分に話しかけることから、メタ認知能力は、「頭の中にいる、もう一人の自分」と言われています。メタ認知能力は、三宮（2009）によると「メタ認知的知識」と「メタ認知的活動」に分けられます。前者は、さらに人間の認知特性についての知識、課題についての知識、方略についての知識の三つに分類されます。人間の認知特性についての知識には、「人間は一度にあまり多くのことを覚えられない」「小学校の高学年生は、人の気持ちを考えた判断と行動ができるようになる」などの「一般的な人の認知特性に関する知識」と「自分は世界史に出てくるカタカナは覚えるのが苦手だ」などの「個人的の認知特性に関する知識」の2種類があります。聴覚障害児は、前者の「一般的な人の認知特性に関する知識」が不足しているのではないかという声をよく聞きます。「人って、○○だよね」「もう中学生なんだから、○○はできて当たり前だよ」のような抽象的な話は、日常生活場面で偶発的に行われることが多く、聴覚障

害児は、これらの話題に十分に触れられていない、もしくは話してもらっていないのかもしれません。次に「課題についての知識」は、課題が認知処理に与える影響の知識のことで、例えば、「分量の多い長文読解問題は長い時間がかかる」などです。テスト場面で健聴児は問題全体を見まわし、取り組みやすい問題から始める者が多く、課題によって対応を考えていることがうかがえます。一方、聴覚障害児は、とにかく初めから解いていくタイプが多いようで、課題に関する知識も十分でないようです。方略に関する知識は、目的に応じた効果的な方略の使用に関する知識のことで、これも聴覚障害児には問題があるようです。例えば歴史の年号も数学や理科の公式も、とにかく暗記する勉強法が良いと考えている者も少なくありません。また国語の読み取り問題の際に健聴児の多くは、本文に線を引く、メモを書き込むことをする一方で、筆者の知る限り、聴覚障害児のそのような行動を見たことはありません。科目によって有効な勉強方法が異なることや問題への対処の仕方を伝えてもらっていないのかもしれません。次に、「メタ認知的活動」は、自己のモニタリングやコントロールのことです。モニタリングは、進行中の認知活動が上手くいっているかをメタ認知知識に照らして判断し、コントロールは、モニタリングの結果を受けて、進行中の認知活動を調整（続けるか、止めるか、方略を変更するかなど）することです。

　聴覚障害児は、メタ認知能力の発達が健聴児よりも遅れるといわれて（Andrews & Mason, 1991）、その一要因には、上記のようにメタ認知的知識を知らないことが関連していると考えられます。メタ認知的知識が十分でなければ、メタ認知的活動の仕方もわからないからです。よって聴覚障害児に具体的なメタ認知的知識を与えることが重要で、「毎日の勉強の仕方を、よく見なおしてください」と曖昧な指示をするだけでなく、例えば「数学の勉強のときは公式の意味を考えている？」「英単語を覚えるときに、言ったり書いたりしている？見ているだけじゃ覚えられないよ」など、自己チェック項目としてのメタ認知的知識を話すことがポイントです。また、教師が「先生が、中学生のときは、こうやって勉強したよ」のように身近ない人がメタ認知的知識のモデルを話すのもよいでしょう。メタ認知的活動についてもモデルが必要で、具体的には、「先生が中学生のときにテスト勉強の計画を立てたよ。そのときに、だいたい

最初は、欲張って、1 日に何時間も勉強するとか、教科書の復習を何 10 ページもやるような計画を立てちゃって、結局できないことも多いから、そのときは、『どうしたら、可能な計画になるかって』考え直したよ。それで、今まで 1 日に自分が勉強できた量を思い出して、それより少し多いくらいにしてみたんだよね」のように教師が行ったメタ認知的活動を詳細に話します。モデル提示された言葉は、徐々に子供に内面化し、やがて子供のメタ認知能力に変わります（三宮，2008）。こうして発達したメタ認知能力のことを上田（2009）は、「内なる教師」と呼びました。よって、聴覚障害児にも同様の働きかけを行い、「内なる教師」を誕生させることが、自分で自分のことを理解し、自分と対話して、学習面や社会性に関する問題に対処できる人に成長させる第 1 歩です（これに関連する研究として手塚・長南，2014）。

2　メタ認知能力と学力

　メタ認知能力は学力との関係も知られ、その中でも深く検討されたのは数学です（三宮，2008）。これは、聴覚障害児教育でも同様で、四日市ら（2019）では、メタ認知能力を高めることが算数・数学の学力の向上をもたらすとの報告（Mousley & Kelly, 1998; Martin & Jonas, 1986）が紹介されています。これらの研究は、聴覚障害児が普段の授業において、自己の思考を明確に認識しないまま授業を受けていることを示唆します。そのことをある聴覚特別支援学校の中学部数学の授業で見てみましょう。

・単元　2 次方程式（啓林館　数学 3）

　教材は文章題で、内容は、ある中学生がかりんさんという友達から誕生日パーティーの招待状を受けるという設定です。招待状には、8 月のカレンダー（1 日が月曜日で始まる）と「私の誕生日の真上にある日の数と真下にある日の数をかけると 176 になります。私の誕生日は何日でしょうか」というクイズが書かれているというものでした。

教師　どうしますか？
生徒　かりんさんの誕生日を X と置く。

> | **教師** | かりんさんの誕生日を X 日として、で、次どうしますか。 |
> | --- | --- |
> | **生徒** | X を真上の数にして、y を真下の数字にして、式に表すと、X × y=176。 |
> | **教師** | うーん、ちょっと確認しますね。X を何にすると言ってましたか。 |
> | **生徒** | かりんさんの誕生日を X。 |
> | **教師** | もう一回言って。 |
> | **生徒** | かりんさんの誕生日の真上の数を X とする。 |
> | **教師** | 何？ |
> | **生徒** | かりんさんの誕生日を……かりんさんの誕生日の真上の数を X とする。 |
> | **教師** | はい、ちょっと待ってください、さっき、X を何にしましたっけ？ |

　この問題では、かりんさんの誕生日の数を X とすれば、その真上は X − 7、真下は X + 7 と表すことができ、あとは式を解けば答えが得られます。しかし、聴覚障害児の発言を見ると、誕生日を X とするか、誕生日の真上の日を X とするのかで揺れてしまっていることがわかります。その理由は、「誕生日の数」と「誕生日の真上の数」の表現が、わずかしか違わないため、両者が混同しているためでしょう。言葉の曖昧な理解が思考の混乱を招いているようで、このことに聴覚障害児自身で、気がつければよかったのですが、それには、「あれ？　今、自分は『誕生日の数』と『誕生日の真上の数』が、ごちゃごちゃになっている？　『真上の』が有るか無いかだな、気を付けなくちゃ」とメタ認知能力を働かせる必要があります。そこで、教師が聴覚障害児に自分の頭の中を見てほしいと思ったのでしょう、「さっき、X を何にしましたっけ？」と話しています。この場面では、「さっき、『かりんさんの誕生日を X と置く』と『かりんさんの誕生日の真上の数を X とする』の二つ言ったよ。どっちなの？」のように、混乱の元となっている少しの違いを明示してあげて、さらに「この二つが、はっきりと区別できていないんじゃないの？　違いに注意して」のように自分をモニターする視点を明確にしてあげてもよかったかもしれません。

　この授業では、結局、ほかの生徒の発言によって誕生日を X とすることで

授業が進み、誕生日の上の日の数を X − 7 と表せるところまでは辿り着けました。次に誕生日の真下の日の数をどう表すかの場面です。

生徒	かりんさんの誕生日からマイナス 7 をすれば、真上の数が求められるので、(X − 7) になります。で、真上の数を求めるときに、15 マイナス 8、にすれば − 7 になるので、8 − 15 をすれば、マイナス 7 になるので、(X − 7) になります。
教師	ちょっとまって、さっき言っていたのは、真上の数だよね。X − 7 ね、で、いま、言っているのは？
生徒	真下の数？
教師	真下の数も X − 7 になる？
生徒	あ！　X + 7。
教師	もう一回、そこを説明してごらん。
生徒	真下の数を求めるときには、例えば、15 マイナス 8 をすると、7 になって、16 マイナス 9 をすると、7 になるので、X + 7 になります。なので……
教師	つまり、誕生日よりも？
生徒	小さくなる。
教師	小さくなる？　真下の数？
生徒	はい……
教師	真下の数は、誕生日よりも？
生徒	……大きくなる。
教師	いくつ？
生徒	7。
教師	7 大きい数になるんだよね。だから、真下の数は、誕生日よりも 7 大きい数になるので、X + 7 で表せるかな？
生徒	うん……
教師	そこをもう一度説明して。
生徒	真上の数が……？
教師	落ち着いて、真上の数は、誕生日よりも？

生徒　真上の数は、誕生日よりも大きくなる、ん？　小さくなる？

教師　いくつ、いくつ小さくなる？

生徒　マイナス 7 ちいさく……

教師　……7 小さくなるんだね。だから？

生徒　だから、(X − 7)。

教師　になるんだね、じゃあ、真下の数は？

生徒　誕生日の数より 7 小さくなる。

教師　小さくなる？

生徒　うん……

教師　真下の数は？

生徒　大きくなる。

教師　7 大きくなるから？

生徒　X + 7。

教師　X + 7 になるんだね、そこ、がんばれ、整理して。

生徒　真上の数は、誕生日の数より、7 小さくなるので、(X − 7) になって、真下の数は、誕生日の数より 7 大きくなるので、(X + 7) になります。なので、式が、(X − 7) × (X + 7) = 176 になります。これを計算すると、展開して、X の二乗、7 の二乗、= 176 なので、X 二乗マイナス 49 = 176。で、マイナス 49 を移項して、……誕生日なので、X = − 15 は、考えられません。だから、X = 15 で、かりんさんの誕生日は、15 日です。

　何とか答えは出ましたが、まだ、言葉の混乱に基づく思考の乱れが見られ、そのことに生徒自身が統制できていないように思われます。このように、聴覚障害児の学習のつまずきは、教科の内容の理解困難だけでなく、自己の理解困難への気が付きにくさもあるようです。したがって、メタ認知能力が働くように、考えている自分を自分を考えさせるような指示や発問を行うことが必要です。

3　第 6 の方針：自己の客観化能力を育てる

　　従来の聴覚障害児教育は、他者とコミュニケーションする能力を高めること
が重要な教育目標として強調されてきました。しかし、言葉を思考の道具とし
て自己を対象化し、自己とコミュニケーションする能力であるメタ認知能力の
向上も非常に重要です。メタ認知能力は、他者からメタ認知知識やメタ認知活
動に関する言葉を繰り返し言ってもらっているうちに、いつの間にか、自分の
言葉となり、メタ認知が可能になるというものでした。上記の「内なる教師」
の誕生は、そのことを端的に現している言葉です。聴覚障害児のメタ認知の向
上を報告する海外の研究も、同様の指摘をしていることから、聴覚障害児にメ
タ認知知識を与え、メタ認知活動を行う機会を教科指導場面や日常の会話場面
を設けることが重要です。その際には目の前の課題と自分の二つを考えるとい
う思考の仕方を身に着けさせるような指導が求められます。

文献

Andrews, J. F., & Mason, J. M. (1991) Strategy usage among deaf and hearing readers. *Exceptional Children, 57*, 536-545.

啓林館（2018）みらいへひろがる数学 3.

Mousley, K., & Kelly, R. (1998) Problem-Solving Strategies for Teaching Mathematics to Deaf Students. *American Annals of the Deaf, 143* (4), 325-336.

Martin, D. & Jonas, B. (1986) *Cognitive modificability in the deaf adolescent.* Washington DC: Gallauded University. (ERIC Document Reproduction Service No. ED276 159)

三宮真智子（2008）メタ認知　学習力を支える高次認知機能. 北大路書房.

手塚清・長南浩人（2014）聾学校高等部生徒が障害を認識するための授業づくりの試み―自己肯定感に焦点を当てて. 聴覚障害, 68 (3), 27-33.

上田喜彦（2009）数学教育におけるメタ認知の研究―メタ認知に関する調査問題の開発（1）―. 天理大学学報, 60 (2), 47-68.

四日市章・鄭仁豪・澤隆史・クノールス, ハリー・マーシャーク, マーク編（2019）聴覚障害児の学習と指導　発達と心理学的基礎. 明石書店.

第7章 聴覚障害児と偶発学習

第7の方針：日々の生活での学びを大切にする

1 聴覚障害児と偶発学習

　人は、教室で受ける指導のように意図的に計画された場面で学ぶだけでなく、日常生活で学ぶことが多くあります。例えば挨拶の仕方はその典型でしょう。子供が、いつの間にやら、大人っぽい言葉遣いで、ちゃんとご近所さんと挨拶できるようになる姿を見て、「大人になったなあ」と感じることがありますが、よくよく考えてみると挨拶の際の言葉遣いや声色、調子、身の振る舞い方は学校でしっかりと教わったわけではなく、身近な大人の言動を見るとはなしに見ている、聞くとはなしに聞いているうちにできるようになるものだと思います。そのほかにも、たわいのない会話をする、音楽を楽しむなど、実に多くの場面から多様な知識を得ます。電話をかけた相手からの「いただいた電話で恐縮ですが」という言葉から、相手の行為に便乗することはよくないという価値観を得るのも、生活における会話場面においてです。これらの学習は偶発学習といわれ、偶発学習では言葉や一般社会の知識や社会的ルールや価値観などが学べます。その影響は大きく、「人の知識の約90％は偶発学習で得たものである」（Doyle & Dye, 2002）や「ほとんどの語彙獲得は、言語と知識に偶発的に触れることによりなされる」（Hirsch, 2003）と言われるほどです。

　聴覚障害児は、日々の偶発学習による学びが妨げられているのではないかとの指摘は、King（2017）によってなされています。King（2017）は、普通校に在籍する聴覚障害児が以下の場面で偶発学習の機会を逃していると指摘しています。

・登下校中の友人や先生の声を聞く場面
・クラスメートの前、後ろ、周囲の音を聞く場面
・クラスのディスカッションを聞いて加わる場面
・クラスで教材の映像を鑑賞する場面
・集団で校長先生の話を聞く場面
・クラスに招待されたゲストスピーカーの話を聞く場面
・遠足などでガイドを聞く場面
・クラスでの話し合いの場面
・休憩中に友達と会話する場面
・休み時間に話題にされる世間話
・世間の関心が高まっている話題に繰り返し触れる場面

　これらは学校場面ですが、家庭や地域でも同様に聴覚障害児は「小耳に挟む」はずの情報が得られず、言葉で考える力、共感する心、豊かな知識、メタ認知能力の獲得などの多様な発達面に影響が出ることは既に指摘したとおりです。このことから、Hirsch（2003）は、これまでの聴覚障害児教育が偶発学習の問題を重視しなかったことを批判し、それでは聴覚障害児の能力を十分に高めることはできないと主張しました。そこで、次に偶発学習が難しい聴覚障害児に、いかにそれを保障するかを検討します。

2　偶発学習の保障

（1）機会の保障

　聴覚障害児が、偶発学習の恩恵を得にくい理由は、周囲の人の言葉が聞こえない、聞こえにくいことです。したがって、少しでも聞こえるようにして、情報が入ってくる窓口を広げる工夫が必要です。補聴器や人工内耳を装用し、日々の聴こえを補償することはもちろん、装用状態での毎日の聴こえのチェックも欠かせません。このようにして、ご近所さんとの立ち話、地域の出来事、家族内の何気ない話、マスメディアから流れる言葉が、自然と入るように配慮

します。ただし、人工内耳もあらゆる偶発学習を補償するほどの性能ではないとの指摘もあり（Convertino et al., 2014）、必要に応じて手話や指文字、キューサインなどの視覚的な手段を併用したり、テレビに字幕を入れたりして多くの言葉が小耳に挟まるような配慮が必要です。加えて偶発学習場面では、「今、なんて言ってた？　聞こえた？」のようにして聴覚障害児が情報を「小耳に挟めているか」を確認することも必要でしょう。そして聞けていなかった場合は、「今、……って言っていたよ」や「大きくなったねって、言ってくれたよ」のように、できるだけ偶発学習場面に近接した時間のうちに、何が起こって、どんな言葉が交わされたのかを伝えてあげることも必要です。

　しかし、これらの工夫をしても健聴児の偶発学習と同等の質と量を提供できるとは限りません。そこで第 3 章や第 4 章で紹介した、「偶発学習の意図的指導化」も用いて、健聴児が小耳に挟んでいるであろう話を取り上げます。例えば、学校では、授業時間のみならず、ホームルーム、昼食の時間に、社会的な話題、世間話などをします。また家庭でも、ニュースで話されていることを再度、家族の話題として取り上げてもよいでしょう。

（2）内容の保障

　偶発学習の機会の保障とともに留意したいのは、話の内容、つまり質の保障です。

　小学校 4 年生の国語の教科書に「世界にほこる和紙」という説明文があります。これは、和紙は洋紙と比較して丈夫であることを繊維の長さや作り方の違いから説明し、さらには和紙が丈夫であるから名刺を和紙で作り、それを渡すことで人間関係を確かなものにしたいという思いを込めるという話が書かれています。この文章を読み終えた健聴児と聴覚障害児に「どんなことが書いてあった」と尋ねると、健聴児は「和紙と人の気持ちのこと」という文章の主題が返ってきますが、多くの聴覚障害児からは「和紙のこと」や「和紙がぶれにくいこと」のように文章全体から見れば細部を答えます。この違いの理由は様々考えられますが、一つには健聴児が「物に心を込めることは素敵なこと」という感性、価値観を持っていて、この文章を読んだ際に筆者のその気持ちに共感できたからでしょう（第 2 章）。「物に心を込める」という価値観との出会

いは日常において偶発的にも生じます。例えば、子供が親戚からお誕生日プレゼントもらった際に、親が「あら、良かったわね、○○（子供の名前）が、△△（アイドルの名前）を好きだからだよ」や親が誰かに贈り物をするときに「○○さんは、甘いもの好きだから、お菓子を送ろうかな」などの家庭内の会話です。子供が、これらを聞き、さらには「心を込めて物を選ぶ」などという表現を何かの機会に人から聞いたり、テレビ CM などで繰り返し触れたりすると、この考えや言葉が子供の心に根付きます。健聴児は、偶発学習で世の中の大切な価値観を多数耳にしているわけですから、聴覚障害児についても、このような内容が取り上げられる場面が偶発的に生じたら、「誰々に、何々を送るよ」のような事実の話だけでなく、健聴児が得るのと同質の内容が保障されるように留意することが大切です。

3　第 7 の方針：日々の生活での学びを大切にする

　筆者は、多くの聴覚特別支援学校の先生方から、聴覚障害児の学力を高める授業の作り方を尋ねられます。しかし、授業時間にできることは非常に限られていること、健聴児も幼児期からの偶発学習によって思考力や記憶力などの認知能力や膨大な言葉や知識、価値観を得て、それを用いて教科学習などの新たな学びを行っていることを話し、授業づくりの工夫に加え、偶発学習を意識した関わりをもってほしいと話しています。偶発学習は、その存在と意義を意識しにくいだけに見逃されがちですが、日々の生活には、出来事や自分のことを振り返ったり、何かを覚えてなくてはいけなかったり、人の気持ちを感じたりする瞬間にあふれていますから、Hirsch（2003）の主張のとおり、この学びを利用しなくては、聴覚障害児の様々な能力を高めることは難しくなるでしょう。

文献

Convertino, C., Borgna, G., Marschark, M., & Durkin, A. (2014) Word and world knowledge among deaf learners with and without cochlear implants. *Journal of Deaf Studies and Deaf Education*, *19* (4), 471-483.

Doyle, M. & Dye, L. (2002) *Mainstreaming the Student who is Deaf or Hard-of-Hearing*. A Guide for professionals, teachers, and parents. http://www.handsandvoices.org/pdf/mainst_cal.pdf

Hirsch, E. D. (2003)　Reading comprehension requires knowledge-of words and the world. *American Educator*, *27*, 10-13, 16-22, 28-29, 44.

King, J. F. (2017) Incidental Learning & The Deaf Child. http://www.eparent.com > incidental-learning-deaf-child　2022 年 5 月 6 日取得

第2部
聴覚障害児教育の実践

第 **8** 章　学力と教科指導

1　聴覚障害児の学力

　「9歳の壁」に象徴される聴覚障害児の学力の発達の遅れは、古くから指摘され（中野，1990；四日市；2007；長南・澤，2009）、その主な要因は、第1部で示したとおり、言葉を思考の道具として論理的に考える力の不足でした。そこで本章では、主に教科指導においていかなる特別な支援が、言語を思考の道具とした学習に導くのかを、授業の構成要素である、説明、発問、評価を中心に検討し、最後に授業構造の理解という視点から行います。

2　説明における特別な支援

　教師の説明は、学習者が学習内容を理解する際の大きな手掛かりです。まさに言葉を思考の道具にする場面と言えますから、ここには聴覚障害児の発達の傾向に応じた注意と工夫が必要です。具体を中学校の理科の「電流と電圧」の単元で考えてみましょう。この授業では、電流を水流に例え、川の幅が広がれば、流れる水の量が増えるように、電線が太くなると流れる電流の量も増えるという説明がなされます。例えを用いた説明は、健聴児にとってはわかりやすいものですが、これには類推が用いられていますから類推の発達が遅れる聴覚障害児（第2章）にとっては、かえって理解が困難になる場合があります。そこで、類推を理解する過程を教科学習に盛り込まなくてはならなくなります。例えば、ベースの知識（第2章）となる「川の幅が広がると、流れる水の量が増えるよね」の部分が「……なると～なる」となって、因果関係を表す言葉に

なっていることに気が付かせ、その後に「じゃあ電線が太くなると、どうなるの？」と問い、その後にベースの知識と同じ「……なると〜なる」という言葉が用いられていることに意識を向けさせます。このように聴覚障害を対象とした授業では教科の内容の説明のみならず、説明の仕組みを理解するための説明も必要となります。

　この点は、視覚的教材を用いた場合にも当てはまります。これを聴覚特別支援学校高等部の美術の授業記録から見てみましょう。この授業では絵の具が顔料と展色剤から成ることを**表 8-1** を使って説明がなされました。

表 8-1　授業の説明に用いた表（一部改変）

絵具の種類	顔料	展色材
透明水彩絵具	土、炭、鉱石、化学物質	アラビアガム
油絵具		ポピーオイル
日本画絵具		膠（にかわ）

教師　（教師は、アラビアガムや膠などの説明を終え）ということで、今まで勉強したことのまとめや質問をしたいと思います。土は絵の具ですか。

聴覚障害児 A　私は、土は絵の具です。

教師　土は絵の具です。なぜなら？

聴覚障害児 A　なぜなら、顔料が入っているからです。

教師　顔料が入っているから……なるほど……

聴覚障害児 B　あ、でも合わさったやつが絵の具っていうんじゃない？これとこれがくっついてる。

聴覚障害児 A　だってそれを言ったら、石と土とか、いろなものが……

聴覚障害児 B　土だけで絵の具なの？

聴覚障害児 A　そう。

教師　ちょっと戻っていいですか？　ちなみにこれ不正解です。で、土っていうのは、何か？

聴覚障害児 A　展色剤だ。

　説明に使われた表は、大変わかりやすくまとめられているように感じますが、聴覚障害児 A の発言からは、絵の具が顔料と展色剤から成ることを理解できていないことがわかります。この理由は、聴覚障害児 A が表を「見てはいたけど、読めてはいなかった」からでしょう。表を「読む」とは、縦線、横線の意味を理解し、表全体の構造を把握すること、すなわち表が説明していることの論理の理解です。例えば、右から 2 番目の縦線は「顔料と添色剤を合わせるということだな」と「読む」わけで、この際には、縦線は、もはや単なる線ではなく、「合わせる」「……になる」と言語化されます。この作業は、言語力のある健聴児には難しくなく、また聴覚障害児 B も、「あ、でも、合わさったやつが絵の具っていうんじゃない？　これとこれがくっついてる」と言っていますから、表を読めていたことがうかがえます。一方、聴覚障害児 A は、表中の線は単なる線としか見ていないのかもしれません。そうだとすると、この授業では、土、炭、アラビアガム、膠などの内容の説明のみならず、表の読み方の説明も必要があったということになります。考えてみれば、思考の道具である言語の力が十分でない人に言語を取り除いた視覚的教材を与えれば、その論理を読めないのは当然であり、そうなると聴覚障害児には視覚的資料を使うとわかりやすいとよく言われていることが正しいのか疑問に思えてきます。

　次に、授業のまとめにおける説明を考えます。

・中学部の関数の授業

教師　この前勉強した関数、関数とは何でしたか？

聴覚障害児　x は、y は、答えがいっぱいあるってこと。

教師　x は、y は、答えがいっぱいあるってこと？

　関数の授業では、1 分間に貯める水の量と時間などの生活に密着した例を挙げ、それらを用いた計算を多くさせるという授業構成が一般的です。そして授業の最後に「今日やったことは、『ともなって変わる二つの数 x と y があって x の値を決めると、それに対応して y の値がただ一つに決まること』と表せて、これを関数と言います」と抽象的な表現でまとめが話されます。この際に

言葉の力がある健聴児であれば、「ともなって変わる二つの変数？　一緒に変わる二つってこと？　あー、時間と水の量のことか、じゃあxは時間でyは水量ってこと？　ならば確かに時間が決まれば、貯まっている水の量がわかる」のように抽象的な表現と具体的経験を表す言葉の関係を考え、いわば両者を「翻訳」して理解します。しかし聴覚障害児の多くは、「ともなって」「決まる」「対応して」の言葉がわからず、「翻訳」不能となります。その結果、関数の定義の理解は非常に難しく、授業の記憶は、xとyを使って、いっぱい計算した、先生からマルをもらったという事実が強く残ったのでしょう。そのような状態で授業が終われば、次回の授業で「前の時間に何を勉強しましたか」という発問に、「xは、yは、答えがいっぱいあるってこと」と答えてしまうのは当然のことです。そこで、「『ともなって変わる』っていうのは、一緒に変わるという意味で、今日は、何と何が一緒に変わったの？　そう、時間とお風呂に貯まる水の量だね、時間とおふろに貯まる水に水の量が伴って変わったんだね。それから、二つの数x、yって書いてあるね、今日は、二つ、何を使ったの？　そう時間と水だね。これが『二つの数』だよ」のように抽象的表現と具体の「翻訳」をしてみせる、つまり、まとめの表現の理解の仕方を説明することが求められます。多くの聴覚特別支援学校の学習指導案には「まとめ　5分」と書かれていますが、この現実と抽象の「翻訳」指導を行うことやその定着を考えると、もう少しまとめに時間を割いてもよいのではないかと思います。

　このように、教科の内容に関する説明に加え、教師の説明と教材の中にある論理及び現実的経験と抽象的表現の関係の説明を行うことが、特別な支援ということになります。

3　発問

（1）思考過程を辿らせる補助発問

　発問は、授業のねらいと直接的に関連する「主発問」と授業中の学習者の反応に応じて繰り出す「補助発問」があります。聴覚特別支援学校でも「主発問」は、概ね健聴児と同様の場合が多いようですが、聴覚障害児は、主発問を一

度投げかけられただけでは、正しく思考することができません。そこで、健聴児に行う補助発問よりも細かなステップで構成された補助発問によって、思考を導く必要があります。このことを第 1 章で紹介した小学校理科「光と音の性質」の授業をとおして考えてみましょう。この授業の主発問は「光と温度の関係は、どのようなものだろう」とされ、鏡の数を徐々に増やし、その都度、温度を測定させる実験が用意されていました。実験において聴覚障害児は、温度をノートに記入はするものの、温度の違いを比較して、そこから因果を一人で考えることは容易ではありません。そこで実験中に教師は、「温度は、さっきと比べて、どうなったの」と比較を求める補助発問をして、考えながら実験することを意識付けます。しかし、それでも多くの聴覚障害児は、具体的な温度を答えるでしょうから、その場合は比較ができていないものと評価し、「先生が訊いたのは、さっきより高くなったか、低くなったか、変わらないかだよ。何度って訊いていないよ。温度は、さっきと比べて、どうなったの」と問い直しをします。これに対し「高い」という解答が帰ってきたら「高くなったね（「高い」を「高くなった」と言い換え、言語指導も行っている点に注意）。なんでだろうね、今、温度を測る前に何をした」と発問します。聴覚障害児から「鏡増やした」という解答が帰ってきたら、「そうだね、鏡を増やしたね、ということは、なんで温度が上がったの」と可逆操作による因果推論をさせる発問をします。さらには、「だったら、次に鏡を増やしたらどうなるかな」のように予測させることもできます。そして、「だから、光と温度の関係は、何？」と主発問につなげ、今経験していることの目的を意識した思考をさせます。

　健聴児であれば、実験中に思考の道筋を指示されなくても因果関係を自然に考えますが、聴覚障害児には補助発問で主発問の解答に至る論理的思考の過程を辿らせ、主発問につなげるという工夫が必要となります。

(2) クエスチョン－アンサーを成立させる補助発問

　ある特別支援学校小学部の教室で物語文の読み取りを行っている場面です。物語の内容は、少女がチョウチョを捕まえてきて、かわいがっていたが、かわいそうになってしまい逃がすというもので、これを読み終えた後の教師と児童の会話をご覧ください。

> 教師　どうして女子は、チョウチョを逃がしちゃったのかなあ
> 聴覚障害児　つかまえたから
> 教師　……そうだね。つかまえたね。チョウチョさん、また、来てくれる
> 　　　かな？　じゃあ、明日、読む物はね……

　この聴覚障害児は、教師が「チョウチョを逃がした理由を、女の子の気持ちから考えてください」という意図で発問していることが理解できなかったため、上記のような解答となったのでしょう。このように聴覚特別支援学校では、発問と答えが整合せず、いわば「クエスチョン－アンサーの不成立」が非常に多く見られます。このような場合は、補助発問による問い直しが必要な場面ですが、教師は、それをしませんでした。「そんな答えも、まあ、いいか」や「この答えにどう反応すればいいの？　子供の言うことは否定したくないし」という考えに教師がなると、誤った答えを流してしまうこととなり、聴覚特別支援学校では、よく見かける光景です。これでは訊かれていることに合った答えをする力が子供の身に付きません。そこで、「今、先生は、チョウチョを逃がしたときの女の子の気持ちから、逃がした理由を考えてねっていう意味で言ったんだよ。なんで逃がしちゃったのかなあ？　女の子は、どんな気持ちだったんだっけ？」と補助発問で何を考えればよいのかを示し、クエスチョン－アンサーを成立させるやりとりが求められます。自分は何を訊かれているのか、だから何を答えるのかを考えさせることは、言葉で自分の考え方を考えることになり、メタ認知能力を高めることにもなります。

（3）論理的表現に導く補助発問

　聴覚障害児は、発問に対して語や句、短文で解答することが多く、これを文章で言えるようにすることは、これまでの聴覚障害児教育でも指導の重点とされてきました。それが補助発問によってなされている授業例を見てみましょう。

> ・教材　まいごのかぎ（光村図書 3 年国語）

> **教師**　前のりい子の気持ちは、どんなでしたか。
>
> **聴覚障害児**　余計なこと。
>
> **教師**　余計なことしちゃったなと思って。
>
> **聴覚障害児**　悲しくなる。
>
> **教師**　そうだね、前は悲しい気持ちでした。でも、今は……
>
> **聴覚障害児**　りい子は楽しい気持ちになりました。
>
> **教師**　そうだね、変わりました。もう一回聞きます。前のりい子の気持ち
> 　　と今のりい子の気持ちでは、どんなふうに変わりましたか。
>
> **聴覚障害児**　はい、余計……この前に勉強した気持ちは、余計なこと、余
> 　　計な気持ちになったんだ、でも今は、楽しい気持ちになったんだ
> 　　ね。

　この場面では、物語の登場人物のりい子の気持ちの変化を読み取らせること
が目的です。聴覚障害児から「悲しくなる」と「楽しい気持ちになりました」
を引き出した後に、「前のりい子の気持ちと今のりい子の気持ちでは、どんな
ふうに変わりましたか」と問い、りい子の気持ちの変化を「でも」を用いた解
答に導いています。このように、聴覚障害児の発言に論理性をもたせる指導
は、「唇に論理を乗せる」と言われ、言葉で論理を辿らせ、思考を明晰にしよ
うという狙いがあります。

4　評価

　聴覚障害児に対して授業を行う場合、評価の際にも特別な視点が必要なので
すが、それは、いったい何なのでしょう。

> **例**
>
> ・中学部　数学　単元「不等式の性質」
>
> **教師**　今日は、不等式の計算をします。不等式については次の性質が成り
> 　　立つんだったよね。
>
> 　　教師は、A＜B　ならば　A＋C＜B＋C などの不等式の性質を

黒板に掲示

聴覚障害児 A　あー、あー（知っているという感じ）（とうなずく）

教師　覚えてますね。これは……（説明）

　　　　説明の後に教師が黒板に掲示された不等式の性質を取り除き、黒板に「両辺に（　　　　　）の数で掛けたり割ったりすると不等式の向きが変わる」と書き、同様のプリントが生徒には渡された。

教師　Aさん（　）の中には、どのような言葉が入りますか？

生徒 A　……マイナス……

教師　そうですね。では、教科書の練習問題、問題 $-9x - 15 \leqq -3x - 21$ をやってください。

　聴覚障害児 A は、両辺の計算はできたものの、不等号の向きで悩んでいました。先ほどの教師の発問には「マイナス」と答えることができていたのになぜでしょう。

　健聴児は、語の穴埋めプリントであっても、空欄の前後を含めた文を自然に読みますから、解答は「マイナス」という単語だったとしても、頭の中では、「両辺にマイナスの数で掛けたり割ったりすると不等号の向きが変わる」という理屈が伴います。しかし、聴覚障害児の場合、プリントの空欄の中の単語のみを暗記している者も少なくありません。よって聴覚障害児の授業で特に評価すべき対象は、「マイナス」という単語が言えるかではなく、不等式の性質が言えるか、つまり「唇に論理が乗っているか」であり、数学に限らず、発話の論理性が健聴児以上に重要な学習評価の指標となります。

5　授業構成

　これまで、説明、発問、評価など、授業を構成する要素というミクロな視点に沿って指導上の留意点を見てきましたが、授業には「導入－展開－まとめ」というマクロな論理構造があり、さらに展開部にも構造があるなどの入れ子構造をもつ授業が多く見られます。授業の理解には、「今先生が言っているのは、例だな」「今は、例からわかる一般法則を言っているな」などの授業構造

の理解ができれば、学習も成立しやすくなります。しかし、この整理ができないと、授業の記憶は、たまたま覚えやすかったところや興味があったところに偏ります。では聴覚障害児は、授業構造を理解しながら授業を受けているのか、この点をある聴覚特別支援学校高等部の理科の授業を見てみましょう。

・ドップラー効果

　教師は、車が人に近づいて、また遠ざかる際に音が変化することを体験的に理解させたのちに、「ドップラー効果」の抽象的定義（波の発生源が移動することで感じられる周波数の変化のこと）を説明した。その後、教師が、まとめの場面で、「今日勉強した、ドップラー効果とは何のことでしたか」と発問したところ、生徒は「車の音のこと」と答えた。

　この生徒の反応の理由は、まずは、「2　説明における特別な支援」で述べた、まとめにおける具体と抽象の「翻訳」が不十分であったことが考えらえます。また、それに加えて生徒が、授業時間内で行われていることを「これは、具体例だな」「これは、まとめだな」と整理できていなかった、つまり授業構造を理解できていなかったことも要因と思われ、これには聴覚障害児の帰納推論の弱さも関与している可能性が考えられます。健聴児の多くは、帰納推論を働かせながら授業を受けるので、授業内の一つひとつの活動をそれぞれの頭の中の整理棚（「事例」「一般法則」など）に振り分けることができます。だから、教師の「今日勉強した、ドップラー効果とは何のことでしたか」の発問に対しては、「一般法則」の棚を引っ張り出して答えるわけです。しかし、聴覚障害児は、それが難しく、よって授業で扱っている一つひとつの事柄は主に知覚レベルの理解となります。そこで、授業中の一つひとつの事柄は、授業の構造の中でどういう位置なのかを説明したり（例「では、車の例を挙げます」や「車の例からわかるように」など）、発問したり（例として「車のほかにも同じ例はある？」など）する指導が必要となります。聴覚障害児には授業構造の捉え方を明示した授業計画を立てるよう心がることが重要です。

6　より高い学力を目指して：まとめと今後の課題

　本章で述べたように、聴覚障害児を対象とした教科指導においては、授業で用いられる論理（学習内容に関する論理、教材の論理、授業構造の論理）の理解に多くの聴覚障害児はつまずきを見せます。聴覚障害児の教科指導における特別な支援のポイントの一つはここにあり、これは教科の別を問いません。授業を計画する際や学習指導案の検討会及び授業反省会におけるチェックポイントと言えるでしょう

　次に聴覚障害児の学力について課題とされている事柄を挙げます。まずは学習と動機づけの関係です。聴覚障害児教育においては、この領域に関する研究は、我が国のみならず海外においても少ないのが現状です（Marchark, 1993）。聴覚障害児は、何に動機づけられて学習しているのか、動機づけは、どのように発達するのかなどの検討が求められます。第 2 章で紹介した「ちいちゃんの影おくり」の授業で、ガッツポーズを取った児童は、国語の授業をクイズ大会のように考え、先生の問いに正解を出すことに勉強が動機づけられていたのではないかと思うと、聴覚障害児に国語は、算数・数学は何を学ぶ時間か（教師は何を学んでほしいと願っているのか）を話すなど、動機づけを形成する指導の検討をしなくてはならないのではないでしょうか。二つ目は、学習方略です。第 6 章で聴覚障害児は、「方略に関する知識」が十分でなく、目的に応じた効果的な方略の使用が難しいことを指摘しました。数学の勉強をするときでも、教科書の例題を丸暗記するだけで、その理屈まで考えない勉強法を取っている者も少なくないと言いましたが、彼らの学習方略に関する実証的な研究は少なく、また、なぜ適切な学習方略を考えることができないのかという原因も明らかではありません。おそらくは、「方略に関する知識」不足であると思われますが、その点の実証的研究が望まれます。最後に教科横断的な指導法の検討です。聴覚障害児の学力の問題は、既有知識の少なさも起因しています。繰り返してきたように、健聴児であれば、偶発学習で多くの知識を自然に身に付けますし、教科書はそれらを獲得していることを前提に書かれています。知識の全てを授業時間内だけで指導することは難しく、そこで教科横断的な指導を

行うことが、よくあり、その例を静岡県立浜松聾学校（2008）の国語の実践に
みることができます。教材は、説明文「姿を変える大豆」（光村図書 3 年下）
で、これには大豆が畑の肉と呼ばれる理由などが読み手の既有知識として書か
れています。聴覚障害児は、それを知らないことから、浜松聾学校では家庭科
や理科と連携しながら調べ学習を行わせたところ、それを利用した本文の読み
ができたことを報告しています。このような教科横断的な指導の効果的方法や
教育効果については、十分な知見がなく、この点も今後の検討課題といえま
す。

補足

　本章では、聴覚障害児の教科指導場面における指導法を紹介してきました
が、授業改善のためには、「授業の文字おこし」をお勧めします。下記は、あ
る聴覚特別支援学校が作成した授業記録です。

分	T	C
	お願いします。今日はいつもと少し教室の様子が違いますが、足元だけ気をつけていつもとおりやりましょう。 じゃあ、昨日勉強したことを振り返るよ。	はじめます。おねがいします。 はい。 あしたも、つくったと言ったじゃん。（前時で、ゆきさんたちは明日もメダルを作るよ、と次時の導入をしたためか）
0	そうなんだよ。まず、問題です。ゆきさんのクラスでは、昨日までにメダルを 39 個作りました。今日は 44 個作りました。 あわせていくつを考えたんだったね。 式、何だったっけ？ どうぞ、どうぞ。 ……	 あわせて、たくさん。 式は…、見ていい？ これちがう？　ぜんぶで、これ。

　文字越しする際には、聴覚障害児が発話使途とおりに記録することが重要です。「逆恨み」を「ぎゃくうらみ」と読んだり、「東京ディズニーランド」を「東京ディズニランド」と発話したりしたら、それをそのまま書きます。上記の記録では、教師と聴覚障害児の発話に加え、（　）に記載されているように、聴覚障害児の発言の背景も書かれています。このような記録を作成して、定期的に振り返ると、以前は単語でしか答えていなかった子供に、どのような働きかけをしたら、少しずつ文や文章で言えるようになったかとか、少しずつクエスチョン－アンサーが成立するようになったのはなぜかなど、子供の変化と理由を見て取ることができ、次の対応を考えやすくなります。毎時間の授業で記録を取ることは困難ですが、研究授業の際には、発話を記録する子供の担当を教師で分担するなどして、教師と子供の発話を残し、それに基づく授業改善をすることは非常に有用です。

文献

長南浩人・澤隆史（2009）我が国の聴覚障害児の学力に関する考察 . ろう教育科学，51（2），57-68.

Marschark, M. (1993) *Psycholoigical Development of Deaf Chldren.* New York: Oxford University Press.

中野善達（1990）聴覚障害児の学力 . 聴覚障害，45（12），4-10.

静岡県立浜松聾学校（2008）研修のまとめ「ことばの力を　認識・思考の力に高めるために」. 静岡県立浜松聾学校，小 5‐小 8.

四日市章（2007）聴覚障害と発達 . 前川久男編　特別支援教育における障害の理解 . 教育出版，65-73.

第**9**章 言語指導

1 言語指導の種類と選択

　言語指導は聴覚障害児教育の中核であり、これまでも多くの指導法の提案が
なされています。それを大きな枠で分類すると「要素法」「全体法」「文法法」
「自然法」に分けられます（我妻，2003）。「要素法」は、音素、音節などの言
語を構成する要素を教える方法で、発音指導や音声の聞き取りをとおして指導
がなされます。「全体法」は、言語を意味の単位で教える指導法です。これ
は、子供がコミュニケーションによって言語獲得をするという事実に注目し、
聴覚障害児にも同様の経験をさせようという考えに基づいています。そして、
獲得した表現を徐々に音節や音素へと指導を行うもので、「部分から全体へ」
という要素法の考え方とは対をなしています。次の「文法法」は、指導する言
語材料や指導の順序が計画され、その機能を指導する方法で、いわば系統的な
言語指導と言えるでしょう。一方、「自然法」は、子供が今、何を感じている
か、関心をもっているかを重視し、生活場面でのコミュニケーションを用いて
言葉に触れ、話すことにより言語指導を行うというものです（Groht, 1958）。
この指導法の基本的な考え方は、①語彙、文法は決められたプログラムで習得
するのではなく、難易にかかわらず、子供の必要に応じて習得される。これに
より、語の意味ネットワークや言語の機能を習得させやすくなる。②言語は、
ドリルやテキストの勉強をとおしてだけではなく、子供にとって意味のある場
面で習得される。③文法を教える際には、あらゆる場面を利用して指導すると
いうもので、自然が健聴児にさせるのと同様の経験を聴覚障害児にもさせ、そ
の中で言葉を教えようというものです。偶発学習は、日常の会話の中で生じま

すから、自然法は、この機会の保障にもつながります。

　近年、補聴機器が発達し、また我が国では早期教育が行われていることから、「自然法」による指導の環境が以前よりも整ったと考えられ、本章では、この指導法の具体に触れます（ただし、上記の各指導法は、それぞれ常に独立して使用される訳ではなく、実際の教育の場では学習者の年齢、重複障害の有無、学習の目的、指導体制等に合わせてそれぞれの指導法を使用しています）。

2　自然法の基本

　自然法は、子供との会話場面に応じた言葉を用いて行うとされていますが、これを子供の発達を促す活動とするのは、そう簡単ではありません。以下の会話例から考えてみましょう。

> **例1**
> 　幼稚部年長クラスの朝の会で教師が幼児の名前を呼んで出席を確認していたときに、ある幼児が「はーい」と大きな声で返事をしたところ、教師は「先生、びっくりしちゃったよ。そう、びっくりしちゃったの」と話した。

　教師が、「びっくりしちゃった」を繰り返したことを間違っているとは言えませんが、年長児は可逆操作が育つ第二次認知革命期にあたり、その発達には「だって」が使えるかどうかが関与していることから（内田 , 1990）、「先生、びっくりしちゃった、だって、Bちゃん、大きな声だすんだもん」と言って、可逆操作に関する「関係づけの言葉」を提示もできた場面でした。

> **例2**
> 　螺旋状のすべり台を黙って昇降している幼児を見つけた教師は、幼児が降りてくる途中で、片手を踏切のようにして遮り、少しすると手を挙げて、子供をとおしていた。これを子供は面白がり、何度も繰り返していた。

　この場面でも、「先生が、手を挙げないと、すべれないんだよ」と言えば、「条件－許可」に関する「関係づけの言葉」を投げかけられます。実際に、この表現を用いた指導では、子供が「お願い」をするようになったという話を聞いたことがありますから、状況を言葉で考え、それに応じた言葉遣いを誘うような話しかけが大切です。

例3

　運動会を終えた幼稚部の教室では、「昨日の運動会のことを絵日記に書こうね。かけっこしたね。次は何をしたっけ？」と教師が幼児に問い続け、絵日記にそのことを羅列的に書かせていた。

　教師は、出来事の羅列的表現を求めていますが、「そうか、どきどきしながら一生懸命走ったんだ。だから一番になれたんだね」のように因果関係の表現モデルを提示して、それを書くこともできます。

例4

　幼稚部の授業で、教師が演じる怪獣を3人の子供たちが協力して倒すという場面。3人の子供が持つ武器の発する光線を同時に浴びないと怪獣は死なないという設定であった。そのルールは、活動の前に教師から子供たちに説明されていたが、いざ怪獣が暴れだすと子供たちは、すっかり忘れてしまったようで、なかなか3人で協力しようとしない。偶然、3人の攻撃が一致したとき、教師怪獣は「うわー」といって倒れて、死んだまねをした。3人の子供は、倒れた怪獣を個々に見ていた。そして教師は、「やったねー、怪獣をやっつけたね」と言って次の活動に移った。

　この場面で、もし教師が「やったねー。AちゃんとBちゃんとCちゃんが、3人で力を合わせたから、怪獣をやっつけることができたね。みんなは、すごいねー」と声かけをしていたら、子供たちは互いが協力したことを明確に意識でき、お互いの顔を見合って喜んだかもしれません。そうすれば、集団効力感という価値観の獲得につなげられた場面でした。

　「自然法」は、会話を全て自然な流れで行うのではなく、言語指導法なので、大人が意図をもって進めるときもあっていいはずです。聴覚障害児と何を話すのがよいのかは、発達段階と聴覚障害児の発達の傾向を踏まえることが大切ですが、各事例を見ると語を連呼する、事柄を羅列的に話す、無言になる、育てたい概念に触れる言葉かけがないなど自然法の長所を利用しきれていないように思われます。

　では、自然法を活かす関わりとは、どのようなものなのかを次の事例で考えてみます。

例5

　ある聴覚特別支援学校の教室で、コオロギを育てることになった。教師が、餌は何が良いかを聴覚障害児に調べさせたところ、昆虫図鑑には、ナス、キュウリ、煮干し、鰹節が書かれていた。ある子供が、「カボチャ」と言ったが、教師が「カボチャは書いてないよ？　じゃあ、実験してみよう！」ということになった。まずは、コオロギにナスとキュウリをあげたところ、キュウリを素通りして、ナスを食べた。次に、ナスとカボチャをあげたところ、ナスを素通りして、カボチャを食べた。

教師　あれ？　カボチャを食べたね。と言うことは、ナス、キュウリ、カボチャの中でコオロギが一番好きな餌は何？　2番目は？　どうして？　そうだね、だからコオロギが、一番好きな餌は、どれ？　2番目は？　3番目は？　そうだね、コオロギは、キュウリよりナスが好きで、ナスよりカボチャが好きなんだね。

　健聴児であれば、この場面で自発的に比較、思考する者が少なくないのでしょうが、聴覚障害児はおそらくコオロギの行動を「ナス食べた、カボチャ食べた」と事実の羅列のみを認識し（知覚レベルの認識）、「コオロギは、キュウリよりナスが好きで、ナスよりカボチャが好き」のように比較に基づく関連性をもった意味のある全体的な認識に変換（認知レベルの認識）できていないものと思われます（第1章）。そのことを見通していたのでしょう、教師の発言を見ると、まず「と言うことは」という言葉を使って、聴覚障害児に観察した

ことを振り返る誘導をし、「だから」という言葉を使ってコオロギの行動を一対比較させ、最後に三者を比較する話しかけをしています（ただし、3 番目はこの実験からだけではわかりません）。これにより場面を「因果」や「比較」によって論理的に思考する経験をさせています。ちなみに、この思考は幼児期に発達するといわれている「推移律」の思考となっています。推移律の獲得は、「……より～が―だから」という言語表現と関連をもつことが知られ（天岩, 1973；森下, 1985）、この教師の話しかけは、まさにこの表現の入力になっています。また、聴覚障害児に「……より～が―だから」という言葉の定着は簡単でないと考えたこの教師は、学習発表会でコオロギの餌をめぐる出来事を劇化し、台詞にこの表現を盛り込んで記憶させたそうです。このように思考が整理され、それを表現する言葉も定着すると、自然と子供同士の話し合いが活発になり、深みのあるものになります。

　この指導例は、日々の生活の中の会話に、発達段階に応じた論理的思考を組み込み、それを教師の言葉で導いていることがわかり、指導者の意図をもった関わりを自然な場面で実践するという自然法におけるポイントを知る良い例と言えます。ちなみに、この会話で子供に与えた推移率の考え方は、重さの保存概念の獲得の前提条件であり（大西, 2017）、会話をとおして学力の基礎を積み上げられることも示してくれる指導例といえます。

3　言語指導の技法

(1) 言葉の言葉化

1）言葉の言葉化の方法

　「言葉の言葉化」は、第 2 章で紹介したとおり、聴覚障害児教育で古くから重視されてきた指導法で、言葉を言葉で説明するという指導法です。以下の例（斎藤, 1994）をご覧ください。

A君　育てるって何？
先生　A君のおうちには、犬がいるよね。A君は、犬にどんなことをする

　　　の？

A君　ご飯とお水あげて、散歩行く。

先生　そうなの。もう大きくなったでしょ。どのくらいかな？

A君　このくらい。

先生　大きくなったね。A君がやったように、ご飯あげて、お世話して、大きくすることを育てるって言うんだよ。

　上記の会話では、子供の「ナニ第二期」（第2章）に対して、子供の経験を引き合いに出し、それを用いて語義を説明しています。経験という具体的文脈を用いながらも、最後には、育てるの一般的意味を話し、精密コードの要素を含んだ内容で会話を終えています。このような説明モデルを繰り返し子供が受けていれば、子供は徐々にそれをなぞるようにして、言葉による説明をはじめますから、大人の言葉の言葉化が語彙力のみならず説明力の向上に寄与します。

　では、次の会話は、言葉の言葉かという視点からは、どのように評価されるでしょうか。

児童　先生、学力テストって何？

教師　あー、えーと、ほら、国語とかの問題の答えを鉛筆で黒く塗るテストだよ。

　この例では、学力テストについて、確かに言葉で説明しています。しかし学力テストの解答方法という具体を述べたもので、その点では制限コードによる説明といえます。学力テストの意義という文脈を離れた抽象的な内容を述べれば、精密コードによる説明となり、例えば、「みんなが、どれくらい勉強できるようになったかを先生たちが知るためにやるんだよ。そうすれば、どう教えればいいわかるでしょ」などと話すことができます。聴覚障害児を相手にすると、物事の手順や動作のように、ついついわかりやすい内容を話しがちで、目的や意義などの重要な点が説明から抜けてしまうことが多くありますから、「言葉の言葉化」の際の2番目の「言葉」について、抽象的な内容が含まれる

説明となるように心がけることが重要です。

　また聴覚障害児に対しては、「言葉の言葉化」ではなく「言葉の物化」を用いてしまいがちです。例えば、子供が「コンセントって何？」と尋ねてきた場合、「これ」と指さすだけの応答がそれです。また「言葉の動作化」も大人の対応としてよく見られます。例えば、「押し付けるって何？」という問いに、大人が「こうやること」と言って実演するというものです。どちらも言葉で言葉の説明を子供に行っていないことから、動作だけでは子供の説明力の向上には寄与しません。動作や物を使っても、言葉を添えることを忘れないようにしましょう。

　言葉の言葉化が始まるのは、幼児期ですが、終わりは、幼児期や児童期ではありません。むしろ、言葉の言葉化は、学年が進むほど頻繁に用いられ、内容の抽象度も高くなります。例えば、「WHOとは何か」「関数とは何か」という発問は、要は「言葉の言葉化」であり、しかも、その答えは相当抽象的な内容と表現、すなわち精密コードによる説明になるはずです。しかし、この点を十分に意識した指導が行われているとは言い難いようです。過日、ある聴覚特別支援学校の中学部の授業で教師が、「制裁ってどういう意味ですか」と発問したところ、ある生徒が銃を撃つ身振りをしながら「ダダダダ」と言葉の動作化を行いました。教師は、「そうだね、それ、制裁だね」と評価しましたが、「制裁」は、銃を使って攻撃することだけではありません。「法律や慣習・伝統などの社会的なルールに反した者に対して加えられる罰」のような答え方まではできなくても、中学生であれば「何か悪いことをした人にする罰」のような表現でもよいので、精密コードを意識した答え方をさせると同時に、教師も精密コードのモデル提示を日頃から行うように留意することが必要です。類似の例は、ほかの聴覚特別支援学校でも見られ、教師が、「凱旋って、どういう意味ですか」と発問した際に、ある生徒が「例えば、パレードする」と答え、教師は「そうですね」と言っていました。教師は、「凱旋」の辞書的な意味を求めているにもかかわらず、聴覚障害児が「例えば」といって具体例から話始めることは聴覚特別支援学校では多く見られます。これは要注意で、その場合は「それは例だよね、先生が訊いているのは、凱旋の意味だよ」などと問い直し、ここでも年齢に応じた抽象的な精密コードによる説明をさせるように心掛

けることが、ポイントです。

　次も言葉の言葉における具体的意味と抽象的な意味の指導に関する授業記録です。教材は、『平和のとりでを築く』（光村図書　六年）でした。この説明文の始めには、原爆投下以前の原爆ドーム周辺は市民の憩いの場であり、原爆投下によって、その様子が一変したことが書かれています。その中の「市民の多くは、一瞬のうちに命を奪われ」という部分に関する授業記録です。

> **教師**　「市民」とは、どういう意味ですか
> **児童**　（意味調べをしたノートを見ながら）市街地で暮らす人々のこと
> **教師**　うーん、違います

　児童は、意味調べをしたノートを見ていますから、まさか教師から「ちがう」と言われるとは思っていなかったことでしょう。この発問の意図を教師に尋ねたところ、「聴覚障害児は、言葉の意味を辞書で調べると、それで納得してしまい、文脈に合わせて考えようとしていない。健聴児は、辞書で市民の意味を理解して本文を読んだら、ほぼ自動的に『ここの市民は、広島市民のことだな』と理解する。聴覚障害児は、そのような理解の仕方をしていないと感じることが多く、これが深い読みにつながらない理由の一つではないかと考えた。そこで、あのような問い方をした」と述べていました。確かに、辞書には抽象的な意味の「言葉の言葉化」が書かれているだけですから、辞書的な意味を文脈的な意味へ翻訳しなくては読んで理解したとは言えません。教科指導における言葉の言葉化の留意点として、重要な見方と言えます。ちなみに、このクラスでは教師が「この言葉の意味は？」と問うようになったところ、それまでは意味調べノートを見て、そこに書かれた意味だけを発言していた聴覚障害児が、意味調べノートと教科書を何度か見比べて答えるようになったということです。

2）言葉の言葉化と言語学習能力

　言葉の言葉化は、言葉の知識を増やし説明力を高めるだけではありません。言葉を学ぶ力にも関連しています。その具体を次の会話例で見てみましょう。

　ある聴覚特別支援学校の小学部では、月曜日の朝の会で、週末に家であった
ことを友達に話すという時間を設けていました。ある週の月曜日の朝の会が始
まる前、教師がスピーチ担当の子供を呼んで、「今日は、どんなお話をするの」
と尋ねると、家の近くでダンゴムシを見た話をすると言いました。これを聞い
た教師は、図書室に行き、昆虫図鑑を借り、朝の会の教室に用意しておきまし
た。スピーチが始まると、聞き手の子供の一人が、「団子虫って何？」と質問
をしました。すぐさま教師が昆虫図鑑を使って、「これです」とダンゴムシの
写真を見せたところ、子供は納得した様子でした。放課後に朝の会の検討会が
行われ、絵本を使ったことが話題となり、あの場面は、朝の会であったことか
ら視覚資料を用いた「言葉の物化」が行われたことは理解できるが、もし指導
の時間的余裕があれば、言葉の意味を考えさせる言葉の言葉化の指導が可能で
あったのではないかという意見が出ました。具体的には、語義推論を用いると
いう方法です。推論は既有知識から未知を考え出すことですから、まずは子供
の既知を引き出します。あの会で言えば、「団子」と「虫」は、多くの聴覚障
害児の既知事項です。この 2 つがくっついた「ダンゴ虫」が未知ということ
です。「カブトムシ」や「カブト」も既知です。そこで、「カブトムシは、なん
でカブトムシと言うのかな。カブトに似ているからだね。じゃあ、ダンゴムシ
は、どんな虫？」と問います。子供は実際のダンゴムシとは異なるイメージを
描くかもしれません。しかし、ここではそれは問題ではなく、むしろ、「カブ
トムシは、カブトに似ているからカブトムシっていうんだな、なら、ダンゴム
シは、こうかな」と知らない言葉も知っている言葉を使うとわかるかもしれな
いという構造類似性を使った類推過程を経験させることに意味があります。と
いうのも聴覚障害児は、健聴児と比べると知らない語の意味を自分で考えるこ
とが困難（Krinsky, 1990）であり、「知らないものは、知らない」と考えること
を諦めがちですから、類推を経た言葉の言葉化をさせ、未知語を自ら考える力
と「わからないけど、考えよう」という態度を育てたいからです。視覚的資料
は、思考をさせてから「じゃあ、図鑑を見てみよう。ダンゴムシって、どんな
虫かな？」と言って提示してもよいのではないでしょうか。このように言葉の
言葉化は、言葉を知るだけでなく言葉を学習する力の向上にも利用でき、これ
は読みにも活かされます。例えば、物語文「お手紙」で聴覚障害児が、本文中

の「大急ぎって何？」と質問してきた場合、教師は「大急ぎは、かえる君が、早く帰ろうとしている様子の言葉だね。今、かえる君は、どんな気持ちなの？早く帰らなくっちゃって書いてあるね。早く帰りたいってことがわかるね。だから大急ぎっていうのは、どんな急ぎ方のことかな」と本文に書かれている言葉を使って、未知の「大急ぎ」を考えさせる指導を繰り返すことで、読みの際の思考力を高めることができます。語義推論のように言葉を言葉で思考する力をつけることが、言葉の獲得につながることは、Kelly（1995）、Musselman（2000）や Paul（1996, 1998）によっても指摘されていますから、言葉の言葉化を用いて、言葉を学ぶ力を育てることを意識した指導を行いましょう。

（2）言葉の種まき

　皆さんは、子供から「先生、しばらくって何？」と尋ねられたら、どのように答えますか。「しばらく」は、状況によっては、2、3 分から数十年まで表す言葉で、説明には大変困る言葉ですし、辞書的意味も思い浮かばない人が多いのではないでしょうか。しかし、「しばらく」は、日常でもよく使われる言葉です。このように、定義はよくわからないけど、使うことはできるという言葉を我々はたくさんもっています。何故、それが可能かと言えば、しばらくの例で言うと「しばらく、待ってて」と言われてから数分で対応してもらった経験や、久ぶりに再会した大人が「いやー、しばらくだな、なんだかんだで 10 年ぶりか？」のような、様々な時間の幅に「しばらく」が使われる場面に遭遇した遇発学習の経験があるからです。そこで、このような経験を聴覚障害児教育にも保障するために、学校や家庭の様々な場面で、例え聴覚障害児が知らなさそうな言葉でも投げかけておく「言葉の種まき」を聴覚障害児教育では重視してきました。考えてみれば、確かに学校生活や家庭生活おいて「しばらく」を使える場面は多くあるはずで、それを意識して大人は言葉遣いをするということです。そして、「種まき」をした言葉が、子供の口から出ることを「言葉の花が咲いた」という言い方をします。これについては以下の具体例をご覧ください。

・ある聴覚特別支援学校幼稚部の 5 歳児の幼児 A と B の 2 人のクラスでの出来事

　互いの絵日記を読み、質問し会話するという授業設定。授業開始 30 分ほどし、隣のクラスの子供たちが校庭で遊ぶ様子が幼児 2 人には見えた。すると「遊びたい」と言い始めた。以下、会話の続き。

教師　絵日記のお話が終わったら、遊ぼうね。
聴覚障害幼児 A　突然、教室の前に立ち「これで、終ります」と言って授業を終わらせようとする。
教師　えー、どうしたの？　席に戻ってね。

　この場面を見て私は、聴覚障害幼児 A が、「終わる」にのみ反応し、「たら」に注目していない、もしくは未習得故「たら」を飛ばして理解したのではないかと考えました。教師の発言の「絵日記のお話が終わったら、遊ぼうね」から「たら」を取ると、確かに「絵日記のお話が終わり、遊ぼうね」になります。聴覚障害児 A は、日常的にも「たら」は使用していないと担任教師も言っていたので、おそらくは「たら」を未習得だったのでしょう。この授業が終わり、聴覚障害児 A と私が給食を食べていると、早めに食べ終えた A の友達である隣のクラスの子供が、「遊ぼう」と誘いに来ました。そこで、言葉の種まきのチャンスと考え、以下の会話をしました。

私　A ちゃん、給食が終わっ<u>たら</u>、何して遊ぶの？
聴覚障害児 A　サッカー。
私　へー、給食終わっ<u>たら</u>、サッカーするんだ。

　上記のほかにも会話に「たら」を組み込み、やや、しつこくはありましたが、繰り返し使用しました。すると翌日、担任の先生から次のようなメールが届きました。

　「今日はおやつの時間に、A ちゃんが『食べ終わったら、遊ぼうね〜』と言

いました。今日はそう言いながらすぐに立ち上がらなかったので、『終わったら』の意味をわかって言ったのだと嬉しく思いました」

　種をまいた翌日に花が咲くというのは、種まきからの時間が非常に短く、これまでの聴覚障害児では、あまり聞きません。近年の補聴機器の進歩が関連していると思われますし、担任の先生も、「たら」を意識して使ってくれたのかもしれません。いずれにしても「言葉の種まき」、つまり言葉の偶発学習の機会の保障による効果は確かにありますので、この語法を大人は意識的に利用したいものです。

（3）言葉の動作化

　言葉の動作化は、聴覚障害児教育で多用される方法ですが、これも、いくつかの留意点があります。一つは、動作化において辞書的意味を指導する場合と文脈的意味を指導する場合では、子供の動作の評価の仕方が異なるということです。例えば、「ジャンプ」という言葉の辞書的意味を指導する場合、教師が実際に「ジャンプ」と言いながら飛び、聴覚障害児にも同様の行動をさせ、それに合わせて「ジャンプ」と言わせればよいでしょう。しかし、物語文「くじらぐも」で登場人物の子供たちがくじらに向かってジャンプする場面の動作化では、ただジャンプするだけでなく、空に浮かぶくじらの存在を想像したジャンプが求められます。具体的には、子供が上を向きながらのジャンプができていれば、この文脈的意味でのジャンプの意味が理解できていると評価できます。このように動作化によって何を教えたいのかによって、動作化の仕方とその評価の視点が変わってきますから、この点に留意した指導が必要です。また、動作化を行った際には、「動作と言語の一致化」を心がけましょう。例えば、「押し付ける」という言葉を動作化で指導する場合、多くの教師は「押し付けるって、こうやるよ」といって動作を見せ、子供にその動作を促します。このとき、子供は、無言で動作をすることが多いのですが、聴覚障害児は音韻的短期記憶力が十分でない（第5章）ので、押し付ける運動をしているときには、言葉が頭から消えていることもありえます。そこで、子供の動作に合わせ教師が、「しっかり押し付けるんだよ、押し付けてる？」などと声をかける、あるいは子供に言いながら動作をさせることで、言葉と動作を結び付ける、つ

まり「動作と言語の一致化」を忘れずに行いましょう。このようなチャンスは、日々たくさんあり、例えば誰かが黒板に何かを書く際に教師は、「今からAちゃんが、答えを書いてくれるよ。皆は間違いがないかしっかり書いているところを見るんだよ。ほら書き始めたよ。丁寧に書いてるね、あ、書き終わった」などと声をかけることで、動作を用いて自然に動詞やその活用形を聴覚障害児にインプットすることが可能となります。

（4）教科書の音読

　聴覚特別支援学校の授業では、教科書の内容を簡単な言葉に書き換えた、いわゆる「リライト資料」を用いて授業を進めることも少なくありません。これは、教科書を使うことが難しいお子さんに対する教育上の工夫ですが、全く教科書で使われている言葉を使わないというのは、教科指導上も言語指導上も望ましくはありません。お子さんの実態に合わせて、できるだけ教科書の言葉にも触れさせましょう。例えば、数学の指導で「〜の値は、それぞれ常に一定で」を「いつも同じで」のように平易な表現に言い換えた場合、でも、「教科書の『〜の値は、それぞれ常に一定で』というのは、『それぞれが、いつも同じになる』ということです」のように説明し、さらには音読させることが必要です。「〜の値は、それぞれ常に一定で」のような表現を口にし、それを繰り返すことは大切なことです。

（5）口声模倣、拡充模倣

　これまでは、主に言葉の意味の定着を中心に取り上げてきましたが、言葉の形式の定着も言うまでもなく重要です。そのための一つの技法として聴覚障害児教育では口声模倣が用いられてきました。その例を庄司（2013）から見てみましょう。

　教師　ジャガイモはどこ？
　聴覚障害児（教師が持っているジャガイモの模型を指差し、洗うしぐさをする）
　教師　そうだね。あらったね、ジャブジャブ。
　聴覚障害児　あらったよ。

> 教師　　　　　どこで？
> 聴覚障害児　　ながし。（指差す）
> 教師　　　　　ながしの　おみずで　あらったよ。
> 聴覚障害児　　ながしの　おみずで　あらったよ。（教師と一緒に言う）
> 教師　　　　　そう、もういっかい　いってごらん。（一人で言うことを促す）
> 聴覚障害児　　ながしの　おみずで　あらったよ。（一人で言う）

　上記の会話では、聴覚障害児の動作を教師が「あらったね」と言語化し、口声模倣を誘い、聴覚障害児が「あらったよ」と模倣した後、「どこで？」と尋ね、「ながしのみずであらったよ」と文に拡充し、再度、口声模倣を誘っています。

　口声模倣、拡充模倣は、幼児期に遊びの場面だけで行うものではなく、学習時にも用います。例えば、高等部の理科の授業で生徒が、「電子、2 個入る、安定、なる」と発言したら、教師は「電子を 2 個入れると安定した状態になる」と文にして、それを模倣させます。筋のとおった表現を聞いたり話したりすること（「唇に論理を乗せる」第 8 章）で、理解が明晰になることは、大人もたびたび経験することですから、聴覚特別支援学校では、口声模倣を幼稚部から高等部まで実践しているかを今一度、学校全体で確認してもよいでしょう。

(6) 言葉の処理の自動化

　言語指導において、非常に重要な概念でありながら、ほとんど意識されていないのが「自動化」でしょう。「自動化」とは、子供が、特別な注意もなく、素早く物事の処理を行うことをいいます（McAnally et al., 2007）。自動化の 1 例は、指示語の参照で、健聴児の多くは、指示詞を読んだとほぼ同時にその指示対象を同定します。教材『じどう車くらべ』小 1 国語（光村図書）を例に見てみましょう。

> トラックは、にもつを　はこぶ　しごとをしています。そのために、うんてんせきの　ほかは、ひろい　にだいになっています。

　健聴児は、本文を読みながら指示詞の参照を、ほぼ自動的に、かつ高速で処理することができるので、普通校では「そのために」の「その」が何を指すのかを授業中に教師が問うことはあまりしません。しかし、指示詞の習得は聴覚障害児が困難を示す事項です（長南・澤、2007）ので、指示詞の参照の指導が必要となります。具体的には、まず指示詞が、それより前にあることを指すという指示詞の機能を説明し、代入法により意味的な整合性を子供に確認させ（上の文章の場合は、「その」を「にもつをはこぶ」に変えて読み、意味がとおるかを確認させる）、再度読ませるという展開が多く見られます。しかし、左記のような指導を行った教師が私に「あまり効果を実感できていない」と言ってきました。その理由は、指示詞の参照に必要な作業を教えてはいるものの、その作業の自動化を指導していないからでしょう。指示詞の参照の自動化の指導とは、上記の指導で指示詞の意味対象を聴覚障害児に理解させたら、理解の過程を意識しなくても指示参照ができるようになるまで繰り返し読ませるというものです。しかし、村上（2013）によれば、日本語における指示語の理解と産出は、2 歳半から 3 歳にかけて出現する（Hamasaki, 2002）ことを述べていて、このことを踏まえると指示の参照の自動化は、健聴児の場合、書き言葉を扱う段階で練習によって獲得するものではなく話し言葉によって形成されると考えられます。そこで聴覚障害児と話すときにも「指示詞の言葉の種まき」を多く行うことが大切になります。以下の例をご覧ください。

会話例 1

聴覚障害児　先生がネクタイしているのって珍しい。

教師　どうしてそう思ったの？

会話例 2

教師　昨日の日曜日は、何をしたの？

聴覚障害児　お父さんと、お母さんと◯◯（弟）と車に乗って、お昼食べて、美味しくて、お店行って、プレゼント買って、……

教師　それって、日曜日は、外出したってこと？

会話例 3

　スパーのレジで、手に一杯の荷物を抱えながら支払いをしようとしてい

> る母親に、お菓子を買ってくれと子供がせがんでいる場面。はじめ母親は
> 子供に取り合わなかったが、ついには怒りだした。
> **母親**　どうして、こういうときに、そういうことするの？

　上記の例で指示の対象は、子供の頭の中にあるわけですから、この文脈で指示詞を用いれば、指示参照も自動化しやすく、この偶発学習の繰り返しが自動化能力を向上させているものと思われます。このようにして話し言葉で得た自動化の能力は、文字の世界にも用いられ、読みにおける指示詞参照が自動化をもたらしているのでしょう。言語処理の自動化は、ここで取り上げた指示詞の参照だけでなく、省略された主語の推論などでも機能し、これも、やはり日常会話において獲得された力と思われます。よって、聴覚障害児にも、健聴児と同様に、言語処理の自動化の経験が詰めるよう留意した会話を日常で行うことが大切です。

　言語処理の自動化は、それを習得してしまった人にとっては、ほとんど意識できなくなるため、子供のつまずきがそこにあるとは気が付きにくくなります。授業を計画する際には、既述の自動化の指導を視野に入れておく必要があるでしょう。また自動化は、第5章で紹介した「文章記憶思考法」でも、その力の向上が期待されますから、生活場面における偶発学習による自動化と教科学習における自動化に加え、自立活動の時間などを利用した意図的な指導でも行うなど、自動化の機会を多く設けるような指導計画を立てることも必要でしょう。

4　学習言語の指導の再確認

　聴覚障害児教育では、子供に獲得させる言葉を生活言語と学習言語に分け、生活言語は早期の発達段階から導入し、学習言語は就学後に指導するものとして両者の指導時期を分ける考え方が見られます。しかし、近年、健聴児を対象とした心理学では、学習言語の定義が変化を見せ、学習言語が意図的な指導に伴って使われる言葉ということではなく、就学前から自然な会話場面で獲得が始まるものとの捉えられています。具体的にはバトラー後藤（2011）が紹介す

るスカーセラの考え方であり、これは、学習言語の構成要素を言語的側面、認知的側面、社会・文化的側で捉えます。言語的側面は、音韻、語で構成され、音韻はその習得のつまずきが書き言葉の習得の困難となることから学習言語の要素として挙げられているものと思われます。語は、一般名詞や動詞などの一般語に加え、「足し算、引き算」「くり上がり」「現在分詞」「最外殻」などの専門語、また因果関係を表す「だから」や比較の「より」など事柄の論理的関係を表す学習語（本章では、これを「関係づける言葉」と表現）も学習言語として位置づけ、さらに「農民が立ち上がる」のような慣用表現も学習言語に含められます。この分類によれば、専門語と慣用表現以外の学習言語は、幼児期から使用されるものということになります。しかし、聴覚障害児教育では、上述のとおり、学習言語は教科指導において行うと考えている教育機関や関係者も見られ、その場合、幼児期の思考の発達に必要な言語活動を十分に与えなくなってしまうことが懸念されます。これまでも繰り返してきたとおり、聴覚障害児を相手にした大人には「逆マタイ効果」が生じ、これにより言語環境が豊かでなくなる上に学習言語の意味の捉え違いが重なれば、思考が育つ環境からは、さらに遠くなってしまうことが懸念されます。学習言語は、「未知のこと、知識や情報について言葉の方が意味を運んでくる」言葉（斎藤, 2018）であり、この具体は幼児期後期の「言葉の言葉化」「演繹推論」「類推」「想像」ですから、学習言語は幼児期に育てる者であるとの確認が必要と思われます。これに関連し、聴覚障害児の言語発達段階の再検討も必要かもしれません。近年の補聴機器の進歩に伴って、聴覚障害児の語彙力や文法力及び認知能力は発達が加速していないか、変わらないものは何かを検討し、現在の聴覚障害児の発達に沿った言語段階の設定が必要かもしれません。

文献

我妻敏博（2003）聴覚障害児の言語指導—実践のための基礎知識. 田研出版.

バトラー後藤裕子（2011）学習言語とは何か—教科学習に必要な言語能力. 三省堂.

長南浩人・澤隆史（2007）読書力診断検査に見られる聾学校生徒の読書力の発達. ろう教育科学, 49（1）, 1-10.

長南浩人・澤隆史（2019）聴覚障害児の実行機能の発達. 聴覚言語障害, 48（1）, 21-29.

Groht, M. A. (1958) *Natural language for deaf children*. Washington, DC: Volta Bureau.（グロート，M. A.　岡辰夫訳　齋藤佐和監修（2016）自然法―聾児の言語指導法―．ジアース教育新社.）

Hamasaki, N. (2002) The Timing Shift of Two-Year-Olds' Responses to Caretakers' Yes/No Questions In Y. Shirai, H. Kobayashi, S. Miyata, K. Nakamura, T. Ogura & H. Sirai (Eds.) Studies in Language Sciences (2) – Papers from the Second Annual Conference of the Japanese Society for Language Sciences. 193-206.

Kelly, L. (1995) Processing bottom-up and tpo-down information by skilled and average deaf readers and implication for whole language instruction. *Exceptional Children, 61*, 318-334.

Krinsky, G. G. (1990) The feeling of knowing in deaf adolescents. *American Annals of the Deaf, 135*, 389-395.

McAnally, P., Rose, S., & Quigley, S. (2007) *Reading practices with deaf learners*. Austin, TX: PRO-ED.

光村図書（2012a）こくご　一下.

光村図書（2012b）こくご　六.

村上太郎（2013）幼児期における文脈推論能力と方略の発達的検討：指示対象付与における語用論的解釈の発達と障害．発達研究, 27, 121-130.

Musselman, C. (2000) How do children who can't hear learn to read an alphabetic script? A review of the literature on reading amd deafness. *Journal of Deaf Studies and Deaf Education, 5*, 9-31.

内田伸子（1990）子どもの文章．東京大学出版.

大西真樹男（2017）8〜10 歳の「重さの保存」に関する研究―子どもの保存・非保存判断の記述による説明に着目して―．立命館産業社会論集, 53（3）, 65-82.

Paul, P. (1996) Reading vocabulary knowledge and deafness. *Journal of Deaf Studies and Deaf Education, 1*, 3-15.

Paul, P. (1998) *Literacy and deafness: Thedevelopment of reading, writing, and literate thought*. Needham Heights, MA: Allyn & Bacon.

斎藤佐和（1994）筑波大学大学院教育研究科リハビリテーションコース授業資料.

斎藤佐和（2018）日本の聴覚障害児教育の変化―言語指導法を中心に―．聴覚言語障害, 47（1）, 1-20.

庄司和史（2013）聴覚障害のある幼児の言語指導場面における口声模倣について―特別支援学校の授業実践から―教職研究, 6, 33-44.

第**10**章 コミュニケーション指導

1 聴覚障害児のコミュニケーション能力の もう一つの課題

　聴覚障害児教育においてコミュニケーション能力を育てることは長年の課題であり、様々指導が行われてきました。その中で最も力が注がれてきたのがコミュニケーション手段の獲得でしょう。口話を獲得させるか手話が良いのかといった「口話－手話論争」や、どのような手話を獲得させるのかといった「手話－手話論争」が激しく議論されたことが、その象徴です。次いで、「自分から話をしましょう」「話している人のことを見ましょう」などのコミュニケーション意欲と態度の育成もよく話題となるところです。これらの点は、非常に重要なのですが、本書で紹介してきた事例に登場する聴覚障害児は、何らかの伝達手段を獲得し、伝える意欲やコミュニケーションに対する態度もある程度発達した聴覚障害児で、彼らのコミュニケーションの課題は、相手が期待した反応からずれていたり、間違いではないけれど、必要のない情報も加える、不足したりするなど、いわばコミュニケーションの内容でした。この理由は、尋ねられていることに答えるだけの知識や思考力が不十分であることに加え、どのような反応が求められているかを判断する力、いわばコミュニケーションの目的や相手の意図を推論する力の不足です。よって、これも重要な「コミュニケーション能力」なのですが、これまで聴覚障害児教育では、この点を明確に意識せず、どのような課題があるのか、それはなぜ生じるのか、どのように指導すればよいのかを体系的に検討することは、ほとんどありませんでした。そこで本章では、コミュニケーション手段でもなく、意欲や態度でも

なく、コミュニケーションの中身の視点から聴覚障害児のコミュニケーション
指導について検討します。

2　聴覚障害児のコミュニケーションにおける
推論の実態と指導

　コミュニケーションの目的や相手の意図の推論を扱う学問的枠組みには、語
用論があります。現在の語用論にはポール・グライスの協調の原理（coopera-
tive principle）の考え方が大きく影響しているといわれています。そこで、ま
ずは、この理論を解説します。

　ポール・グライス（Paul Grice, 1913-1988）は、会話者が会話に対して、ある
期待を抱いているとして、それを定式化したものを「協調の原理」と呼びまし
た。これは、以下の4つの公理から成り立っています。

①量（Quantity）の公理

　これは、話し手が、話題となっていることについて、適度な情報量で相手は
反応してくれるだろうという期待です。この公理に違反した場合、多くの場
合、会話がうまく成立しません。次の会話例をご覧ください。

A　駅はどこですか？
B　あ、ここを少し行くと、あります

　上の会話では、駅の場所を尋ねる問に対して、Bさんの情報は少なすぎて、
量の公理に反しているということになります。

②質（Quality）の公理

　これは、話し手が、話題となっていることについて、真実に沿った反応をし
てくれる、よく知らないことは言わないだろうという期待です。質の公理にそ
ぐわない例は、以下のとおりです。

> **親**　あなた、最近元気ないけど、大丈夫?
> **私**　(本当は、苦しくて仕方ないことがあるのだけれど、親に心配を掛けたくないから) そう?　元気だよ。

　相手を慮ってのウソは、日常でもよくあることと思います。このように人は、意図的にグライスの協調に従わない反応をすることもあり、これを「公理の無視」といいます。

③関係性 (Relation) の公理

　これは、話し手が話題となっていることについて関係のある反応をしてくれるだろうという期待です。その違反の例は以下の会話例です。

> **A**　今、どのくらいまで作業進んでいる?
> **B**　腹減ったなあ。

　この例は、問われたことに対して全く関係のないことを言っていて、もしかすると、作業が全く進んでなく、それをごまかそうとして公理を無視したのかもしれません。
　関連性の公理に関しては「ポライトネス理論」が付随して話題にされます。これは、人が人間関係を壊さないために用いる会話技法のことです。以下の例をご覧ください。

> **生徒A**　今日、放課後、野球やらない?
> **生徒B**　宿題、終わってなくって。

　関連性の公理を守った場合の生徒 B の反応は、「やらない」です。しかし、この言い方は、どこか強すぎて、相手を不快にするかもしれません。そこで、はっきりと断るのではなく、自分の事情を話して、相手に察してもらうことを期待した表現をしたわけです。

④様態の公理

これは、話し手が、話題になっていることについて、わかりやすく言ってくれるだろうという期待です。わかりやすさとは、曖昧さがなく、簡潔で、話の順序がよいことです。

> 上司　頼んでおいた仕事、どうなっている？
> 部下　いい感じなんですけど、ずいぶん前には、始めてあって、もうちょっと時間があるとよかったとは思うんです。

部下は、まだ、仕事が終わっていないようです。これも、公理の無視の例かもしれませんが、上司の問いに対する反応としてはよくないでしょう。

以上が会話における4つの公理で、まとめると、話し手は過不足ない量で話し、嘘や証拠のないことは話さず、関連のあることを簡潔に順序よく話してくれることを暗黙の了解としているということです（小山, 2013）。

では、4つの公理における聴覚障害児の会話を見てみましょう。

まずは、量の公理です。

> **例**
>
> 教師　昨日の日曜日は、何してたの？
> 聴覚障害児　お父さんとお母さんとお兄ちゃんと買い物して、ゲームセンター行って、お昼食べて、……
> 教師　それって、買い物したりして日曜日は外出したってこと？

この会話例では、聴覚障害児の回答は教師の期待した内容より多く、よって量の公理に反しています。お話しすることが楽しくて、ついつい話過ぎる聴覚障害児をよく見かけます。また、全く説明が足りない場合もあります。海外でも健聴児と比較した場合、聴覚障害児は量の公理の発達に差が見られるとの指摘もあることから（Surian et al., 2010）、事例のように教師が量の公理のモデルを示すことも必要でしょう。

次に、質の公理について、手話などを用いた会話を家庭でも学校でも行って

いる聴覚障害児は、質の公理の発達が健聴児と同様であったという報告が見られる（Surian et al., 2010、ただし、この研究の課題は、関連性の公理に関する以下の例で述べます）ことから、関心は聴覚障害児が、いつから「公理の無視」をするか、例えば相手を慮った嘘をつくようになるかに関心が向きます。しかし、これを取り上げた研究は管見の限りありません。他者を気遣うには心の理論の発達（第2章）が必要ですから、この力と質の公理の発達の関係は、今後の研究課題と言えるでしょう。

　次に関係性の公理について、その違反は教科指導中にもたびたび生じ、これを第5章では「クエスチョン‐アンサーを成立させること」として説明しました。ここでは、日常会話で見られた例を見てください。

例　寝坊を何度もしてしまう聴覚障害児と教師との会話
教師　何で、寝坊するの。
聴覚障害者A　……朝が来るから。
教師　え？　どういうこと？
聴覚障害者　（やや大きな声とゆっくりした手話で）朝が来るからです（聴覚障害者は、手話や音声が伝わらなかったと思ったらしい）。

　教師の質問の意図は、朝寝坊する個人的な原因の振り返りをさせることですが、この点は言葉では明示されていません。明示されない情報の推論は、聴覚障害児が苦手とするところですから、これが関連性の公理違反につながったということでしょう。したがって「どうして寝坊するのかという質問は、あなたの生活習慣や仕事に対する考え方に問題はないのかという意味です」や「私が訊いているのは、寝坊を繰り返すような原因が、君の生活の中にあるんじゃないのかってことだよ」などと言い直し、質問の意図を伝え、「もう一回、訊くよ。何で、寝坊するの」といった対応が必要です。

　次も関連性の公理に関する事例です。

例　健聴の女性Aさんが手話サークルでのあいさつの場面
健聴者A　（手話と音声を使って）私は、○○と申します。よろしくお願い

します。

聴覚障害者 B　（手話で）私は、△△といいます。あなたは、何歳？

健聴者 A　えっ、歳ですか、んー、まあ、もう、そんなに若くないですけ
ど……

聴覚障害者 B　えっ？（ゆっくりとした手話で声も併用して）歳、いくつ？

　この会話の健聴者 A さんの回答は年齢を明言していませんから関係性の公
理を無視していますが、ポライトネス表現です。しかし、そのことを聴覚障害
者 B さんは理解できていないようです。これは、聴覚障害者 B さんが、初対
面の人の年齢を聞くことは避けるという、主に偶発学習で得られる社会の暗黙
のルールを知らないからでしょう。社会的なルールを知れば、聴覚障害児も相
手を思いやるコミュニケーションを取れる（野原、2021）ことから、意図的に
社会的なルールを伝え、それを踏まえて、なぜ今、相手がはっきりと答えな
かったのかを伝えることが必要です。なお、ポライトネス表現は、聴覚障害児
が、それを使うことは少ないように思われ、社会的なトラブルの原因となりえ
ます。よって直接的な表現をした場合には、「その言い方はきつくて、相手は
嫌な気分になるよ」と伝えた後、相手の心情を気遣ったポライトネス表現のモ
デルを教えることが必要です。ちなみに、長南（2009）は、上記の会話を 20
代から 50 代の聴覚障害者に見てもらい、聴覚障害者の行動をどう思うか、ま
た会話中に相手が困惑気味に曖昧な発言をしたらどうするかを尋ねました。す
ると、20 代の約 9 割と 30 代の全員が、会話中の聴覚障害者 B の行動を批判
し、40 代では約 3 割、50 代では約 4 割の人が批判的に見ないことがわかり、
会話の相手の意図の理解に年代差が示されました。その理由は、このデータか
らは明らかではありませんが、インクルーシブ教育の普及や補聴機器の進歩に
よって、または多様なコミュニケーション手段の活用によって他者の意図の推
論に関する偶発学習の機会が増えたことも一因かもしれません。聴覚障害児者
の会話の公理の発達は、彼らがおかれた社会環境によって変わることは十分に
考えられ、この点に関する実証的な研究が待たれます。なお、先ほど質の公理
で引用した Surian et al.（2010）は、家庭で手話などを使用する教育を受けて
いる聴覚障害児群は、質の公理と関連性の公理において健聴児と同様の発達を

示したことを報告しています。この研究は、非常に興味深いものですが、会話の四つの公理の発達に影響するといわれている対象者の年齢要因が健聴児との間で統制が取れてなく、結果を健聴と聴覚障害の違いのみで解釈してよいのかという疑問が残ります。今後、より精度の高い実験計画による結果の報告が待たれます。

　次に様態の公理の例について、その例は以下のとおりです。

教師　（音楽の授業で）どうして、雨の様子をギターで表現しようと思ったの？

聴覚障害児 B　なんとなく

教師　言うと思った

「なんとなく」や「適当」は、聴覚障害児にとって非常に便利な表現のようです。これに対して教師が「言うと思った」で終わらせていますが、教科指導場面ですから、「なんとなくじゃ、理由を言ってないからわからないよ」と言って、話したことが曖昧であることを伝え、様態の公理を意識させてもよかった場面でしょう。

3　聴覚障害児のコミュニケーション指導の課題

　本章では、聴覚障害児のコミュニケーションの指導について、グライスの四つの公理を指標として検討し、その結果、聴覚障害児のコミュニケーションの問題は、会話の相手の意図の推論の失敗にもあることを示しました。これは、これまでのコミュニケーション指導の主な項目であったコミュニケーション手段獲得やコミュニケーション意欲の醸成及びマナーの獲得の指導だけでは、コミュニケーション能力が向上しないことを示しています。今後、グライスの四つの公理を踏まえた指導を行い、何が会話の目的か、自分の話していることは量や内容、順序が適切かを考えられるような指導が必要でしょう。その際に、四つの公理を聴覚障害児自身が意識できるようになることが重要ですから、これを子供自身の言葉となるまで繰り返し話し、コミュニケーションのメタ認知

能力の向上も視野に入れた指導の計画と実践が、今後求められます。

文献

長南浩人（2009）聴覚障害者のことばと心. 井上智義編　誤解の理解. あいり出版，113-118.

Grice, H. P. (1975) Logic and Conversation. In P. Cole, & J. L. Morgan (Eds.) Syntax and Semantics, Vol. 3, Speech Acts (pp. 41-58). New York Academic Press.

小山久美子（2013）英語教育における語用論の役割. 川村学園女子大学研究紀要，24 (1)，114.

野原信（2021）コミュニケーション指導の展開②. 廣田栄子編著　聴覚障害のある子どもの理解と支援. 学苑社，213-217.

Surian, L., Tedoldi, M., & Siegal, M. (2010) Sensitivity to conversational maxims in deaf and hearing children. *J. Child Lang*, *37*, 929-943.

第11章 読みの指導

1 読みと認知能力

　聴覚障害児は、読みの発達遅滞が繰り返し報告されています（中野・佐藤，1971；我妻，1983；長南・澤，2007；Trybus & Krachmer, 1977; Traxler, 2000）。この理由の一つに語彙や文法知識の少なさが挙げられ（LaSasso & Davey, 1987; Paul & Gustafson, 1991；四日市ら，1995）、かつては言語知識の増加を目的とする指導が主に行われていました。しかし、この方法だけでは限界があるのではないかと考えられるようになり、今日では読みに必要な思考力（行間を読む、省略された主語を補う、指示詞を参照するなど）などの認知能力の向上を視野に入れた指導の検討が求められています（長南，2003）。では、読みに必要な認知能力とは、具体的にはどのようなものでしょうか。

　澤（2004）は、読みに必要な認知能力を整理し、ワーキングメモリ、文字の視覚的処理能力、音韻意識、メタ認知能力、運動制御、状況把握の力、論理的思考力を挙げています。この中で、聴覚障害児の読みと最も関連するのはワーキングメモリ、論理的思考力、メタ認知能力でしょう（音韻意識も聴覚障害児の重要な発達事項重要ですが、第12章「書きの指導」で扱います）。

　読みにおけるワーキングメモリと論理的思考力の関係は、第5章で紹介した「どうぶつの赤ちゃん」の事例が端的に示していました。これは、読みにおいては、語句や文というミクロな情報を頭に「貯めて」（保持）、それらを「つなげて」短い理解を作り（処理）、段落内や段落同士に広げたメゾレベル理解となり、最終的には文章全体というマクロなレベルの意味を形成することから、読みは、ワーキングメモリを機能させて成立しているというものでした。

よって読みの能力向上には、ワーキングメモリの能力の向上が必要であり、その方法には、聴覚口話法による言語指導、日々の会話における記憶の刺激、文章の音読の繰り返し、「文章記憶思考法」（以上、第 5 章）及びそれらを用いた処理の自動化（第 9 章）がありました。メタ認知能力は、第 6 章で扱いましたが、「読みのメタ認知能力」については触れていなかったので、本章では、この点を中心に解説することとします。

2　聴覚障害児の読みにおけるメタ認知能力の実態と指導

　読みにおけるメタ認知能力とは、さっき読んだところを覚えているか、情報のつながりはできているか、それらを使って、今、読んでいるところは理解できているかなどの点で自分を客観視し、必要ならば、「ここは、よくわからないぞ、読み返そう」「読み飛ばそう。先を読んだらわかるかもしれないから」というメタ認知的行動をとることです。熟達した読み手は、どのように読んだらよいか、読めないときは、どうすればよいのかという知識（読みのメタ認知的知識）が豊富で、それらを使って、自己の読みを評価し、対応する力（読みに関するメタ認知的活動）が高く（Armbuster et al., 1982）、「自立した読み手」と言われています（山元 , 1994）。

　聴覚障害児の読みのメタ認知能力については、Ewoldt（1986）が 8 歳から 14 歳の聴覚障害児 20 人に面接を行い、読みに関わる質問を行った研究があります。その結果、上手な読み手とは、どのような人のことかという問いについては、頭がいいこと、聴覚障害の程度が軽い人、生まれつきの聴覚障害でない人という読みのメタ認知的知識やメタ認知的行動とは関係のない事柄を挙げたとのことです。また、もし文章中にわからない言葉があったらどうするかという問いについては、教員に訊くという依存方略を回答した者が約 75％ で、既有知識の利用や、前後を読んでみるという文脈利用などの独立方略を用いる者は少なかったとのことを報告しています。Wood ら（1981）は、平均年齢 11 歳の聴覚障害児と読みの能力で統制した健聴児に読み課題を与える実験を行ったところ、聴覚障害児が自己の読み能力を超えた問題に解答を続け、多くの誤答をした一方、健聴児は難しい問題には解答しなかったと述べています。さら

に聴覚障害児は、わからない言葉を読み飛ばし、理解できる語だけで読めたつもりになっている者が多いことも報告されています（Krinsky, 1990）。

　これらの研究は、聴覚障害児が、「自立した読み手」ではないことを示しています。では、なぜ、そのようなことが起こるのでしょうか。LaSasso（1985）は、日々の授業において教師が聴覚障害児の答えをマルかバツのみで評価しているからだと述べました。具体的にどのようなことなのでしょうか。その例を見てみましょう。

・教材「世界にほこる和紙」（光村図書　四年下）

第 4 段落

　紙のやぶれにくさは、せんいの長さのちがいが関係しています。紙は、そこにふくまれる繊維が長いほど、よりやぶれにくくなります。そして、洋紙と和紙をくらべると、和紙は、とても長い繊維でできています。そのため、和紙は、洋紙よりもやぶれにくいのです。

教師　第 4 段落は何について書かれていましたか。

聴覚障害児　紙のやぶれにくさについて。

教師　はい、ここの段落では、紙のやぶれにくさについて書いてありました。どこを読んだらわかりました？

聴覚障害児　4 段落の 1 行目。

教師　4 段落の 1 行目を読んでわかったそうです。ここですね。そうです。

　この場面は、最初の発問に対する答えの根拠を尋ねていますから、この点はマルかバツかの評価ではありませんでしたので、良いやりとりです。しかし、それに対する聴覚障害児の「第 4 段落の 1 行目」という答えには、「そうです」だけのマルかバツかの評価がなされました。ここは、前時の復習だったので、これでもよいのですが、ただ聴覚障害児は、「大切なことは段落の 1 行目に書かれている」という以前に指導された知識を機械的に使い、視覚的一致方略で解答した可能性も考えられますから、もう一度、「『4 段落の 1 行目』という説明だけでよいですか」などと問い、仮に「大切なことは段落の 1 行目に書か

れているから」という答えが返ってきたら、そのような考え方でよいかを聴覚障害児に考え直させることもできた場面です。例えば、「先生が訊いたのは『第4段落は何について書かれていましたか』だから、大切なことが段落の1行目に書かれているかどうかを第4段落全体を読んで考えなくてはいけませんよ」などと指示することも一つです。聴覚障害児は、視覚的一致方略のように読める人とは異なる特徴的な読み方をすることが多いわけですから、それが疑われる場面では、マルかバツかの評価ではなく、聴覚障害児が自己の思考を振り返ることにつながる機会を作るとよいでしょう。

　聴覚障害児に対する読みのメタ認知指導の方法については、健聴児に用いられるメタ認知能力指導プログラムの利用を推奨する声もあります（McAnally & Quigley, 2007）。

　その一つとして、まずは「読みにおける自己評価の指導：SMART）があります。SMART は、子供が読んでわからなかったところに「？」をつけさせ（理解困難箇所の明確化と記録化）、次に、原因を考えさせます（理解困難の考察）。考えられない場合は教師が「知らない語があるからかな？」や「テーマについてよく知らないからかな？」などの質問をし、子供は、それを手がかりとして読みを振り返り、解決方法も考えます（対処方法の探索）。このとき、知らない言葉を調べる、行間を考える、要約するなどの様々な方法を教師が与えることもあり、これを深い読みに至るまで繰り返えさせます。最後にクラスで互いに自己の考えを伝え、批評し合い、方法を変更するかどうかを考えさせます。

　この方法は、自分の誤りとその原因に気が付けるなどある程度、読みのメタ認知能力をもつ聴覚障害児が、その力を高めるには適切な方法です。しかし、多くの聴覚障害児には、もう少し丁寧な指導が必要でしょう。その一つに「教師による思考表出法：Teacher think-aloud」があります（McAnally et al., 2007）。これは、「自立した読み手」が読みの際に頭の中で利用しているメタ認知的知識とメタ認知的活動を言語化するものです。例えば、先ほどの「世界にほこる和紙」の第4段落に関する場面では、以下のようになります。

教師　第4段落は何について書かれていましたか。

　聴覚障害児　紙のやぶれにくさについて。

教師　はい、ここの段落では、紙のやぶれにくさについて書いてありました。どこを読んだらわかりました？

聴覚障害児　4段落の1行目。

教師　4段落の1行目を読んでわかったそうです。では、どうして1行目だと思ったのですか。

聴覚障害児　1行目に書いてあるからです。

教師　1行目に書いてあるという理由だけでよいですか。段落で言いたいことはって先生が訊かれたら、段落全体を読まなくっちゃって考えますよ。では、読み直しとしましょう。紙のやぶれにくさは、せんいの長さが関係している、うん、長さなんですね、じゃあ長い方か？　短い方か？　読んでみると……長いほど破れにくいんですね。そして和紙は、洋紙よりも繊維が長いと書いてある、和紙は繊維が長いらしい、なるほど、だから和紙は破れにくいんだ。ということは、第4段落は、紙のやぶれにくさの理由が書かれているから、第4段落は、紙のやぶれにくさについて書かれていると考えればいいんだね。

　このように、教師による思考表出法は、自分の読みの誤りに気がつけなかったりその原因及び対処を考えられなかったりする子供に、そのモデルとなる「自己内対話」の擬態を示すという技法です。これを繰り返すことによって、いずれは、メタ認知能力を働かせて読めることを目指します。メタ認知能力の指導における教師のモデル提示の重要性は、三宮（2008）も強調し、そのモデルが徐々に子供の内面化し、子供のメタ認知能力に変わることを上田（2009）は、「内なる教師」と呼ぶことは、第6章でも紹介しました。SMARTに取り組めない聴覚障害児には、まずは、教師による思考表出法を用い、それをなぞることで、徐々に「内なる教師」を誕生させるという指導計画を組んでみてもよいでしょう。

　以上の点に加え、留意したいのが教材です。Ewoldt et al.（1992）によると、読み手が関心をもつ内容の文章では聴覚障害児のメタ認知が活発になることを

報告しています。メタ認知能力を高める際には、教材の選択を子供の興味関心と併せて行うのもよいでしょう。

3　読みの指導の視野

　本章では、読みに係る認知能力として、メタ認知能力を取り上げましたが、高めるべき事柄は、第1部で述べたワーキングメモリの力や意味ネットワークの質の向上など、ほかにもいくつかあり、それらを統合する読みの指導法の検討が待たれます。加えて、読みの環境の整備も重要です。健聴児を対象とした研究では、家族、特に保護者の読みに関する行動が、子供の読み行動や読みの力に関連するという報告がなされています。具体的には秋田（1997）が、保護者自身が頻繁に読書を行うこと、子供に読書を薦めること、子供に本を読んであげること、さらには子供の読書行動を褒めたり、良い読み方の助言を行ったりすることを挙げています。この中で注目されるのは、「親自身が頻繁に読書を行うこと」です。読むことが好きな子供にするには、子供の読み経験を増やすのがよいのではないかと一般には考え、本を子供の手に取れる場所に置いたり、図書館や本屋に子供を連れていったりすることが行われます。しかし、「親自身が頻繁に読書を行うこと」が、子供に影響するということは、おそらく子供は、本そのものに興味をもつ前、もしくはそれと同時に本に夢中になったり、本を面白そうに読む、読んでくれたりする身近な大人の姿をとおして、本好きになるのではないでしょうか。McAnally et al.（2007）によると Stewart & Clarke（2004）は、聴覚障害児の親が子供に与える影響力は、健聴児の家庭よりも大きいと主張しています。家庭内において、親がよく読んだり書いたりする行動を聴覚障害児に見せることは、大きな効果があるでしょう。このように聴覚障害児の読み行動や能力を家族などの人的環境との関係で捉えることは大変興味深く、今後のこの点をテーマとした研究が待たれます。

文献

我妻敏博（1983）聴覚障害児の「読み」の能力．国立特殊教育総合研究所特別研究報告書手指法の評価と適応に関する研究，61-66.

秋田喜代美（1997）読書の発達過程―読書に関る認知要因・社会的要因の心理学的検討―．風間書房.

Armbruster, B., Echols, S., & Brown, A（1982）The role of metacognition in reading to learn: A developmental perspective. *Volta Review, 84*, 45-56.

長南浩人（2003）聴覚障害者の読解力を向上させるためのコミュニケーションのあり方―認知心理学の視点から―．ろう教育科学 45（3）167-176.

長南浩人・澤隆史（2007）読書力診断検査に見られる聾学校生徒の読書力の発達．ろう教育科学，49（1），1-10.

Ewoldt, C.（1986）What does "reading" mean? *Perspectives for Teachers of the Hearing Impaired, 4*, 10-13.

Ewoldt, C., Israelite, N., & Dodds, R.（1992）The ability of deaf students to understand text: A comparison of the perceptions of teachers and students. *American Annals of the Deaf, 137*, 351-361.

Krinsky, G. G.（1990）The feeling of knowing in deaf adolescents. *American Annals of the Deaf, 135*, 389-395.

LaSasso, C.（1985）Visual matching test-taking strategies used by deaf readers. *Journal of Speech and Hearing Research, 28*, 2-7.

光村図書（2021）国語　四.

McAnally, P. L., Rose, D., & Quigley, S. P.（2007）*Reading Practices With Deaf Learners.* Austin, Texas: PRO-ED.

中野善達・佐藤泰正（1971）聴覚障害児の読書力（2）．日本特殊教育学会第 9 回大会発表論文集，33-34.

Paul, P. & Gustafson, G.（1991）Hearing-impaired students' comprehension of high frequency multimeaning words. *Remedial and Special Education, 12*, 52-62.

三宮真智子（2008）メタ認知　学習力を支える高次認知機能．北大路書房.

斎藤佐和（2006）広島ろう学校授業改善オーダーメイド・プロジェクト事業講演資料.

斎藤佐和・九嶋圭子・馬場顕・垣谷陽子・松原太洋・小美野みつる・江口朋子・板橋安人・佐藤幸子・塚越洋和・秋谷義一（1989）作文力の総合的評価の試み―様子を表す語彙の使用について―．養護・訓練研究，2，77-93.

澤隆史（2004）きこえの障害と言語の発達―聴覚障害児の読み書き能力を巡る諸点と研究課題―．聴覚言語障害，33（3），127-134.

Stewart, D. & Clarke, B.（2003）*Literacy and Your Deaf Child: What Every Parent Should Know.* Washington, DC: Gallaudet University Press.

Traxler, C. B.（2000）"Measuring Up to Performance Standards in Reading and Mathematics: Achievement of Selected Deaf and Hard-of-Hearing Students in the National Norming of the 9th Edition Stanford Achievement Test," *Journal of Deaf Studies and Deaf Education, 5*, 337-348.

Trybus, R. J. & Krachmer, M. A.（1977）School achievement scores of hearing-impaired children: National data on achievement status and growth patterns. *American Annuals of the*

Deaf, 122, 62-69

上田祐二（2009）論証の構成を意識させた文章表現指導の試み．語学文学，47，1-14.

山元隆春（1994）読みの「方略」に関する基礎論の検討．広島大学学校教育学部紀要，第Ⅰ
　　部，16，29-40.

四日市章・齋藤佐和・丹直利（1995）項目反応分析による聴覚障害児の語彙の評価．特殊教
　　育学研究，33（2），53-61.

Wood, D. J., Griffiths, A. J., & Webster, A. (1981) Reading retardation or linguistic deficit? II:
　　Test-answering strategies in hearing and hearing-impaired school children. *Journal of Re-
　　search in Reading, 4*, 148-156.

第12章 書きの指導

1 聴覚障害児の書き言葉の実態

　我が国の聴覚障害児の文章表現は、名詞や動詞の意味の間違えや助詞や助動詞、係り受けの誤用、単文の多用、常体と敬体の混同などの語や文法面での特徴が指摘されています（斎藤ら，1989；澤，2004）。さらには、行動を羅列的に表現した指示詞や接続詞の少ない表現、主題の不明さといった内容面の課題も見られます（斎藤，2006）。これらの理由は、言語知識面の不足に加え、読み手の状況の推察力の弱さや文章のテーマとその展開を考える力、さらには自分の文章を修正する力といった認知能力の未発達とされています。本章では、特に後者に焦点を当て、聴覚特別支援学校でも指導回数の多い作文指導を中心に、その指導法を考えます。また聴覚障害児の場合は、かな文字習得も重要な課題となることから、この点にも触れることとします。

2 書きにおける認知能力

(1) 読み手の状況の推察力

　斎藤（2006）は、聴覚障害児の書く文章の特徴の一つに、読み手意識の薄さを挙げています。以下の作文は、聴覚特別支援学校小学部5年生の作文です。

> ・ふじんしゃの避難訓練
> 　私は、トイレを行くとき、ほうこくにあって聞こえました。「ふしん

しゃが入ってきました」と聞こえました。あわせて、うわばきをはがない
で、このまま、走って行きました。びっくりしました。
　体育館に行って、ふしん者のげきを見ました。おどろきました。

　小学校5年生ともなれば、読み手を意識して、「何月何日に私の学校で不審
者の避難訓練がありました」と書き出してほしいところです。このような場
合、健聴児を対象とした作文指導では、「この文章をあなたと親しくない人が
読んでもわかるように書きなさい」「自分が書きたいことを書くだけでなく、
読者が知りたいと思われることを書きなさい」「先生やクラスのみんなが、興
味を示さない文章を書かないようにしなさい」などと指示します（赤荻,
2006）。しかし、このような指示だけでは、他者の状況理解の発達に困難を示
す聴覚障害児（第2章）には、やや理解が難しいでしょう。そのために、幼児
期後期から他者の状況を考えさせて、そのことに関するメタ認知能力を高めて
おく（第2章）ことに加えて、就学後は、読み手の意識を実感できる体験をさ
せるという方法が提案されています（McAnally & Quigley, 2007）。これは「書く
行為の社会化」とよばれ、文章の読み手の感想に触れながら、なぜそのような
感想をもったのかを考えさせるという方法です。例えば、遠足という作文を書
いたら、これを廊下に貼って、多くの人（社会）に読んでもらい、コメントを
書いてもらうという方法です。コメントが得られたら、それが書かれた理由を
考えさせます。例えば、「○○公園に行きました」とはじまる作文に対して遠
足を引率していない先生から「○○公園」とはどこにあるのですか」というコ
メントがよせられたならば、なぜ読み手は公園の場所がわからないのか、一緒
に遠足に行っていないからではないか、だから知りたいのではないかと考えさ
せます（これは、心の理論［第3章］の発達に寄与する「Aさんは、○○のとき［他
者の状況］には□□と考えるだろう［その状況における他者の思考や心情］。だか
ら、△△するだろう［状況に応じた他者の行動］という話かけと同じ構造です）。そ
して、公園に行く方法や時間など、書き手は知っていても、読み手のために書
かなくてはいけないことがあるという点を理解させ、推敲させます。推敲後は
推敲前の文章と見比べ、音読させて、どこが変わったのか、なぜ変える必要が
あったのかを改めて説明させます。文章の変化の再認識とその理由を言葉で明

晰に意識させるわけです。この方法をある聴覚特別支援学校に実践してもらったところ、聴覚障害児が作文中に「この書き方で皆わかるかな」と教師に訊くようになったり、「これだと、……だから、もっと、……のように書かなくちゃ」などと、つぶやくようになったりする子供が観察されるようになり、読み手意識の芽生えがうかがえたとのことです。

　また読み手を指定して書かせるという方法もあります。例えば、小学部高学年の児童に「遠足について、小学部1、2年生が読んでおもしろいと思える文章を書いてください」「校長先生に書いてください」などと指示して、読み手に合わせた内容や言葉遣いを工夫させるというものです。さらには、読み手意識が表れている上質なモデル文章に接する機会を設けることも良い取り組みです（宮前，2010）。

(2) テーマを考える力

　健聴児の場合、小学校の2年生ころまでは、自分の行動を羅列する表現が多く見られますが、それ以降には、テーマが読み取れる文章が書かれるようになります。しかし聴覚障害児は、高校生になっても、テーマのわからない行動の羅列的文章を書きます。ある聴覚特別支援学校の高等部の生徒が、平和学習を主たる目的とした修学旅行について書いた作文を見ると、「僕は、長崎に修学旅行に行きました。飛行機に乗りました。みんな知っています（みんなで行ったという意味）」という聴覚障害児に特徴的な表現から始まり、長崎での行動が時系列的に書かれていました。個々の経験を関係づける力が聴覚障害児は弱いために、経験全体からテーマを考えることが難しく、これが高校生まで続くということでしょう。そこで、自分が経験したことにテーマをもたせる指導が必要ですが、高校生になって、急に考えなさいと言っても、難しいのは当然です。第2章で指摘したとおり、健聴児は2歳で「今日は、Aちゃんと遊んで、楽しかったの」と今日は、楽しい日だったというテーマを語ります。「日々の生活にテーマを見つける」、つまり経験を論理的に捉え直し、それに意味づけることが、テーマを考える第1歩です。これを年齢相応のレベルでの繰り返すことが、書く際のテーマの設定につながります。また、経験後にテーマを考えさせるのではなく、経験の前から、それを意識させることが有効であると

いう主張があります（Calkins, 1994）。これは、例えば遠足や修学旅行を題材とする作文指導においては、事前指導で行事の目的とそのために何をするのか、事前に調べておくべきことは何かなどを意識させ、テーマを予め明確にしておくという方法です。この際には「……するために……に遠足にいきます」とか「……すると、そのことから……ということがわかるようになると思います」などの文型を指導し、言葉で表現させることで目的の明確な意識化を狙います。これは、口頭や手話で求めるだけでなく、行事の栞やパンフレットなどの資料に書く欄を設け、文字で表現させておくとよいでしょう。また行動（例えば遠足）をしている最中にも事前指導を思い出させるコミュニケーションを行います。これにより、「今日の遠足は……を知るために来た。そのために、遠足の前には、……の様な勉強もして、来てみたら……ということがわかった。だから今日の遠足は、自分にとって……だった。これからは、……のようにしたい」という思考をさせ、行動中にテーマを形成します。

（3）文章構成の検討

　テーマを論理的に形成した後は、それをどのような構成で表現するかを考えなくてはなりません。この際に書き手は文章の構造に関する知識が必要となるので、一般には「序論－本論－結論」や「起承転結」といった文章構造をワークシートなどで指導します（上田, 2009）。類似した方法は聴覚障害児に広く行われていることと思いますが、聴覚障害児の中には、表を見てはいるけど、読めていない者がいるので、その場合は、教材の論理構造の説明（第8章）が必要となります。

　また教科書で学んだ文章の構成を用いて文章を作成させるという方法もあります。教師は、「ほら、このまえ……という文章を読んだときに、まずは、結論を先に書く書き方を勉強したでしょう。それが、今、あなたの書いている文章にも使えますよ」「今日は、一番言いたいことを先に書く構成にしてみましょう。そのような書き方をこの前の説明文を読んだときに勉強したよね」などと読みで学んだ文章構成を使って書いてみるよう指示します。このような指導法は、「読みと書きの指導の一体化」（Paul, 1998; McAnally & Quigley, 2007）とよばれ、説明文の理解力の向上にも影響するといわれています（Shanahan,

1984; Shanahan & Lomax, 1986）。

（4）文章の作成中のモニターと推敲

　健聴児は、書き始めた後も、「書いていることが、言いたいこととずれてき
たなあ」「話の順序を変えたほうがよいかな」など書きながら表現形式を考
え、さらには「内容が薄いなあ。（文章を読み返す）そうか、わかった」などと
自己の表現をモニターし、それをきっかけに新たな考えを生み出すことも観察
されます（内田，1989）。一方、聴覚障害児は、「字はきれいに書けているか」
「句読点は正しく書けているか」「言葉は間違っていないか」という表記の正し
さがモニターの視点のようです。つまり、聴覚障害児も自分の書いた文章を見
直すことはするものの、評価の視点が健聴児と異なるのです。したがって聴覚
障害児には、「この表現は、これでいいのかなあ。前に書いた、……のところ
を読み返して考えてごらん」「内容は、つながっている？」「言いたいことは、
テーマと合う？」「同じ経験をしてない人が読んでもわかるかな」など、文章
の内容に関するモニターの視点を書いている途中で与えます。これを繰り返す
ことにより、指摘された点が徐々に聴覚障害児に内在化し、その結果として、
書きのメタ認知的知識が豊富になります。

　書き終わったのちの文章の評価は推敲です。上記のとおり、聴覚障害児の文
章に対する評価の視点が、健聴児よりも表面的であることから、「さあ、推敲
してごらん」といっても、なかなか十分にはできません。そこで推敲の際も、
文の表記面だけでなく、内容を含めた包括的な観点を与えることが必要となり
ます。その方法として茨城県立霞ヶ浦聾学校小学部は「遂行ハンドブック」と
いう冊子を作成しました。これには、「内容を知らない人（一緒に活動をしてい
ない人）が読んでわかるように書いてありますか。個人名（○○さん）は、み
んなが知っている人ですか」などの遂行のポイントが書かれています。これを
利用しながら、指導を行うと聴覚障害児が書かれている遂行項目のいくつかを
覚えてしまい、ハンドブックを見なくても、多様な観点から遂行したり、書き
ながら遂行項目をつぶやいたりする行動が見られたりしたそうです。

3　文章の評価法

　聴覚障害児の書き言葉に対する評価は、書かれた後の文章を評価する「結果重視評価」がなされてきました。この評価方法は、書く前や書いている最中の指導が十分でなくなることから、現在では「過程重視評価」が望まれています。その具体は、2の（4）で述べたとおりです。また、教師は、聴覚障害児の「表現を直す」指導が行うことが多いと思いますが、これだと書き手が表現できないことは指導できないという問題が起きます。どういうことかというと、人は、習得してない表現や苦手な表現は書かない、書けないわけですから、聴覚障害児の表現の修正では、聴覚障害児が表現すらできない点の指導ができないということです。これに対処する方法の一つとして、担当する聴覚障害児が読みのテストで誤った言語項目を頭に入れ、それを評価、指導のポイントとするという方法があります。これは、読みにみられる課題は書き言葉の課題と重なる（Yoshinaga-Itano, 1986; Arfe & Boscolo, 2006）との報告を参考にしていて、具体例としては読みのテストで接続詞に間違いが多かった者は、書き言葉でも接続詞を使用しないだろうと考え、実際に接続詞が使える文脈なのに表現されない場合は、「ここには、つなぐ言葉を入れると読みやすいよ。何かないかな。しかし、を入れるといいよ」などと指摘して、「表現を広げる」指導を行うことです。この指導をする場合の留意点は、単に言葉を書き加えさせることで指導を終わらせるのではなく、書き加えられた表現を含む文や文章全体を声に出して読ませることです。言葉を書き加えさせただけでは、聴覚障害児は、書き加える手作業をしただけにすぎません。しかし接続詞や指示詞などは、それを書き加えたことで、前後のつながりが良くなったと感じることが大切ですから、書き加えた言葉を含む表現全体を読ませ、書き加えたことによる意味を理解させることが必要です。この指導の繰り返しは指示詞や接続詞の処理の自動化も促すことにつながるでしょう。

4　教科指導における書く活動の重要性

　これまで紹介してきた書くことの指導方法は、主として国語や自立活動の時間における場面を想定していましたが、聴覚障害児に書く力をつけるためには、多様な場面を利用して書く機会を増やす必要があります。その一つとして海外の研究者は教科指導場面を重視しています。McAnally et al.（2007）によると Vacca & Linek（1992）は、学びにおける書く活動の役割に関する一連の研究を行ない、読んだり学習したりして得たことを書くと、読んだり話を聞くだけのときよりも良い理解と記憶に導き、また書く力の向上に与える効果も大きいと述べています。

　聴覚特別支援学校で行われる授業の中には、授業中、ノートをとらせることもなく、一文字も聴覚障害児に書かせないで終わるケースがみられます。もちろん授業のねらいや、子供の実態に合わせて、文字を書かせない授業時間があってもよいのですが、原則は、板書を写す、教師の質問や答えをプリントに書くなど、学習時間に書かせる機会を設けるように授業を設計することが望ましいわけです。様々な教科学習の時間において聴覚障害児に文章を書かせ、これを手がかりとして学習したことを明確に認識させるなどして、書くことによる学習の深化を図ることが必要です。

5　文字習得

　書く力を高めるには、文字の習得が、当然必要ですが、聴覚障害児は健聴児よりも表記の誤りが多く、長期にわたって観察されることが報告されています（Schleper, 1992; Johnson et al., 1994）。その理由は、綴ることの学習には言葉を聞く経験が深く関与しているためです。子供は、聞いた言葉を聞こえのまとまりで認識します。例えば、「ゾウさん、かわいいね」と聞けば、「ゾウさん」と「かわいいね」を、両者の僅かなポーズを手掛かりに意識します。発達に伴い「ゾウさん」は「ゾウ」と「さん」に、「かわいいね」は「かわいい」と「ね」に分かれることを知り、さらには「ゾ」「ウ」「さ」「ん」、「か」「わ」「い」「い」

「ね」に分けることができるようになります。これは語を構成する音韻に意識が向くようになるからであり、これを音韻意識の発達と言います。それを促進する要因の一つにリズムを使った言葉遊びがあります。その例は、「グリコ、チョコレイト」の遊びです。これは、リズムを利用して語を構成する音韻を文字の単位に分解し、さらには各音韻の順序を正しく記憶しているからできる遊びです。このことができれば、あとは、音韻に合わせてかな文字を書けば、語が書けるというわけです。文字は、頭の中にある音に対する音符のようなもので、頭の中に音がイメージできて、初めて正しく書けると考えればよいでしょう（ただ、実際には子供は、文字の視覚的記憶も使って書いています）。聴覚障害児の音韻意識の獲得は、健聴児よりも遅れるとの報告は多く（斎藤，1978；長南・斎藤，2007；近藤・濱田，2011；渡部・濱田，2015）、よって発達早期よりできるだけ言葉を聞かせること、音韻意識の検査（例として図 12-1）である音節分解検査（語を音韻単位に分岐させる検査）や音節抽出検査（分解し音韻の順序を問う検査）を行って発達をアセスメントし、指導を行うこと、言葉遊びを行うことが書き言葉の習得には有効です。また発話に伴う動く口の動きが音韻を意識する手掛かりとなることから言葉を話させる（Paul，1998；齋藤，1999）、口形や口形文字を見させることもよいとされています（Dodd，1976；脇中ら，2020）。そのほかにもキュードスピーチの利用（Leybaert & Charlier，1996）も推奨されています。ただし、指文字は、その構造の複雑さから言語獲得期の幼児には使用が難しいこと、複雑な手の形を作ることで、言語のリズムを乱すため

図 12-1　音節抽出検査の場面

に音韻意識が育ちにくいとの指摘があります（長南，2008）。また文字を用いた早期の音韻意識の指導は、特殊音節の発達に健聴児との相違を生むともいわれていることから（齋藤，1978）、まずは話し言葉を使った言語発達をさせてからの導入が適切と考えられます（ただし、読み聞かせなどによって、発達早期から「文字を見せておく」ことは、文字に興味をもたせるきっかけとなるので必要です）。

6　幼児期を見据えた書きの指導

　本章では、主に就学後の聴覚障害児を対象とした書きの指導を考えてきました。しかし、幼児期から書くことの興味を示し、文字にならない文字（疑似文字、図 12-2）を書くなど、就学後の意図的な書きの指導の前から健聴児同様に聴覚障害児も自発的に文字を読み書きすることが観察されています。これは、エマージェントリテラシー（emergent literacy）やプレリテラシー（preliteracy）とよばれ、その発達の程度が、就学以降の読み書き能力を予測するとの指摘があります（Trainin et al., 2016; Lonigan et al., 2000）。このことから、海外では、就学前の読み書きを促す子供の属性要因（認知能力や聴力レベルなど）と環境要因（保護者の読み書き行動）が検討され、これを含めて発達早期を視野に入れた書きの指導が行われています。我が国においては、聴覚障害幼児の文

図 12-2　聴覚障害児が書いた疑似文字

字習得や語彙、文法などの言語知識の習得実態に関する研究は多いものの、イマージェントリテラシーに関する研究はなく、今後、この点を視野に入れた研究とそれに基づく指導法の構築が期待されます。

文献

赤荻千恵子（2006）読み手意識を形成する表現過程の指導―アメリカのテキスト・事例との比較を通して―．全国大学国語教育学会発表要旨集．11，187-196.

Arfe, B. & Boscolo, P. (2006) Causal coherence in deaf and hearing student's narratives. *Discourse Processes, 42*, 271-300.

Bereiter, C. & Scardamalia, M. (1987) *Thepsychology of written composition*. Hillsdale, NJ: Lawrence Erlbaum Associates.

Calkins, L. (1994) *The art of teaching writing*. Portsmouth, NH: Heinemann.

長南浩人（2008）音韻意識の発達とコミュニケーション手段―キュードスピーチと指文字について―．ろう教育科学，49（4），191-197.

長南浩人・斎藤佐和（2007）人工内耳を装用した聴覚障害児の音韻意識の発達、特殊教育学研究，44（5），283-290.

Dodd, B. (1976) The phonological system of deaf children. *Journal of speech and Hearing Disorder, 41*, 185-197.

井原栄二・竹内菊世（1985）聴覚障害児の作文指導．明治図書．

Johnson, H. A., Padak, N. D., & Barton, L. E. (1994) Developmental strategies of hearing impaired children. *Reading and writing Quarteely, 10*, 359-367.

Kellogg, R. T. (1988) Attentional overload and writing performance: Effects of rough draft and outline strategies. *Journal of experimental Psychology: Learning, Memory, and Cognition, 14*, 355-356.

近藤史野・濱田豊彦（2011）手話使用環境にある聴覚障害児の音韻分解能力の発達における検討．東京学芸大学紀要　総合教育科学系Ⅱ，62，1-11.

Leybaert, J. & Charlier, B. (1996) Visual Speech in the head: The effect of Cued Speech in rhyming, remembering, and spelling. *Journal of Deaf Studies and Deaf Education, 1*, 234-248.

Lonigan, C. J., Burgess, S. R., & Anthony, J. L. (2000) Development of emergent literacy and early reading skills in preschool children: Evidence from a latent-variable longitudinal study. *Developmental Psychology, 36*（5），596-613.

McAnally, P. L., Rose, D., & Quigley, S. P. (2007) *Reading Practices With Deaf Learners*. Austin, Texas: PRO-ED.

宮前嘉則（2010）自分の考えを論理的に書く力をはぐくむ国語科指導の工夫―書く過程に読み手の立場にたって表現を振り返る活動を取り入れて―．群馬県総合教育センター教育活動研修報告書．242.

Paul, P. (1998) *Literacy and deafness: The development of reading, writing and literate thought*. Needham, MA: Allen & Bacon.

齋藤佐和（1978）聴覚障害児における単語の音節分解および抽出に関する研究．東京教育大学教育学部紀要，24，205-213.

齋藤佐和（1999）聴覚障害児障害教育の方法．中野善達・齋藤佐和編　聴覚障害児の教育．福村出版，49-72.

斎藤佐和（2006）広島ろう学校授業改善オーダーメイド・プロジェクト事業講演資料．

澤隆史（2004）きこえの障害と言語の発達―聴覚障害児の読み書き能力を巡る諸点と研究課題―．聴覚言語障害，33（3），127-134.

Schleper, D.（1992）When "F" spell "Cat: Spelling in a whole language program. *Perspectives in deaf education, 11*, 11-14.

Shanahan, T.（1984）The nature of the reading-writing relation: An exploratory multivariate analysis. *Journal of Educational Psychology, 76*, 466-477.

Shanahan, T. & Lomax, R.（1986）An analysis and comparison of theoretical models of the reading-writing relationship. *Journal of Educational Psychology, 78*, 116-123.

手塚清（2020）千葉聾幼稚部の実践報告．キューサインを用いる聴覚障害児の実際．日本特殊教育学会第 58 回大会自主シンポジウム 70.

Trainin, G., Wessels, S., Nelson, R., & Vadasy, P.（2016）A study of home emergent literacy experiences of young latino english learners. *Early Childhood Education Journal, 45*, 651-658.

内田伸子（1989）子どもの推敲方略の発達―作文における自己内対話の過程．お茶の水女子大学人文科学紀要，42，75-104.

上田祐二（2009）論証の構成を意識させた文章表現指導の試み．語学文学 , 47, 1-14.

Vacca, R. T., & Linek, W. M.（1992）Writing to Learn In J. W. Irwin & M. A. Doyle（Eds.）*Reading/writing connections: Learning from Research*, Newark: International Reading Association. 145-159.

Yoshinaga-Itano, C.（1986）Beyond the sentence level: What's in a hearing-impaired child's story? *Topics in Language Disorders, 6*, 71-83.

脇中起余子・長南浩人・手塚清・柿島光美・青島夕美子・松本末男・原島恒夫（2020）キューサイン用いる聴覚障害児の実際 . 日本特殊教育学会第 58 回大会発表論文集．

渡部杏菜・濵田豊彦（2015）聴覚障害幼児の数操作能力と音韻意識の発達に関する検討 . 特殊教育学研究，53（1），25-34.

第13章 キャリア教育

1 キャリア教育と聴覚障害児教育

　近年、「キャリア教育」という言葉を耳にすることが増えました。「キャリア」の定義は、「人が、生涯の中で様々な役割を果たす過程で、自らの役割の価値や自分と役割との関係を見出していく連なりや積み重ね」（文部科学省,2011）とされ、「生涯」という言葉に示されているとおり、全ての発達段階を対象としています。また「役割」もキーワードであり、社会の中で自分の役割を果たしながら、自分らしい生き方を実現していく過程が「キャリア発達」とされています（平成23年1月中央教育審議会「今後の学校におけるキャリア教育・職業教育の在り方について（答申）」）。その指導であるキャリア教育は、一人ひとりの社会的・職業的自立に向け、必要な基盤となる能力や態度を育てることをとおして、キャリア発達を促す教育のことと定義できます。具体的指導指標は、「基礎的・汎用的能力」と呼ばれ、以下の項目が挙げられています（キャリア教育の更なる充実のために―期待される教育委員会の役割―文部科学省国立教育政策研究所生徒指導研究センター発行：平成23年2月）。

・人間関係形成・社会形成能力
　多様な他者の考えや立場を理解し、相手の意見を聴いて自分の考えを正確に伝えることができるとともに、自分の置かれている状況を受け止め、役割を果たしつつ他者と協力・協働して社会に参画し、今後の社会を積極的に形成することができる力
・自己理解・自己管理能力

　自分が「できること」「意義を感じること」「したいこと」について、社会との相互関係を保ちつつ、今後の自分自身の可能性を含めた肯定的な理解に基づき主体的に行動すると同時に、自らの思考や感情を律し、かつ、今後の成長のために進んで学ぼうとする力

・課題対応能力

　仕事をする上での様々な課題を発見・分析し、適切な計画を立ててその課題を処理し、解決することができる力

・キャリアプランニング能力

　「働くこと」の意義を理解し、自らが果たすべき様々な立場や役割との関連を踏まえて「働くこと」を位置付け、多様な生き方に関する様々な情報を適切に取捨選択・活用しながら、自ら主体的に判断してキャリアを形成していく力

　「基礎的・汎用的能力」は、キャリア教育の要素であり、指導においては、次の事例のように実際には総合的に行われます。

　高等部を卒業した聴覚障害者 A は、ある工場に商品製造の部署を希望して入社。しかし、配属された部署は商品検査担当。A は、この人事に不満をもち、ろう学校の恩師に、会社を辞めたいので、次の仕事を紹介してほしいと頼みに訪れた。これに対して教師は、商品検査の重要性を語り、A は、ろう学校専攻科で物作りをしたとき、わずかな部品の寸法誤差で物が完成しなかった経験を思い出した。商品検査の重要性に気がついた A は検査の知識を高めようと努力し、また職場とは、役割を分担し、協働していることを明確に意識するようになった。

　この事例では、「基礎的・汎用的能力」の全てが連動して聴覚障害者 A の成長につながったことがわかります。これを可能としたのは、聴覚障害者の考え方を変える教員の導きでした。キャリア・カウンセリングにおいては既有の認識を変化させ、それを基に自己決定させることの重要性が強調されています（Phillippe & Auvenshine, 2019）。事例でも、商品検査の意義を感じられていなかった聴覚障害児の認識を変え、商品検査の学習を行うことのきっかけを作っ

ています。このような思考ができるようになるためには、自己の職業経験を振り返ること、自己の立場を他者の立場を踏まえながら考えること、また過去の自分を客観視すること（メタ認知能力）など、本書で取り上げてきた諸能力の発達が欠かせません。それは、青年期だけで遂げられるものではないことは言うまでもなく、これがキャリア発達は生涯にわたってなされるということの意味と言えるでしょう。

2　キャリア発達に必要なこと

(1) 社会参加意欲

　聴覚障害児の中には、卒業が近くなると健聴者社会に飛び込むことに対して不安を覚える者がいます。一方で、社会に参加することを楽しみにしている者も見られます。この違いは、どこから生まれるのでしょうか。長南・石原（2012）は、聴覚障害を有する大学生52人に社会参加意欲を尋ねるアンケートを行いました。その結果、高い日本語力を有し社会参加の成功経験と失敗経験の両方を有している聴覚障害児は、社会参加意欲が高いということがわかりました。やはり、音声にしろ筆談にしろ、何らかの手段を用いて社会で通じたという経験は自信になり、それを支えていたのは日本語能力でした。興味深いのは、成功体験のみならず失敗経験が社会参加意欲を高めていた点です。具体的には「アルバイトで接客業に応募したら断られた。バックヤードならやれると言われたので、次は、それに応募したい」などと回答している例であり、失敗を諦めで終わらせるのではなく、それを振り返ることで気持ちを前に向かせているようです。これは、おそらく「失敗から学べばいいんだよ」「自分のできることは何？　あるはずだよ」などの声をかけてくれた大人がいて、これによって形成されたメタ認知能力が彼らを支えているのでしょう。ただし、失敗経験を否定的に捉え、積極性をなくす聴覚障害者も存在することから（石原, 2019）、個人のパーソナリティや失敗原因に応じた振り返りをキャリア・カウンセリングのポイントに沿って丁寧に行うことが必要でしょう。

（2）将来の夢

　「基礎的・汎用的能力」を視野に入れた指導だけでなく、キャリア発達を考える上で、ほかの大切な視点があることを、ある聴覚障害者の生き方が教えてくれます。そのことを書いた記事（長南, 2003）をご覧ください。

・職場適応とその支援（『聴覚障害』2003 年 11 月号掲載）
　「職場適応とその支援」、このテーマを頂いたとき、聾学校高等部を卒業した、ある一人の生徒のことを思い出した。高等部の生徒の多くは、卒業学年になると就職先を考え始める。学校に来ている就職案内を見て決める者もいるが、その当時は職種で決めるというよりは先輩のいる会社を選ぶ傾向が少なくなかった。そんな中、彼が選んだ就職希望先は、「プロ野球の世界」だった。彼は、自分からプロテストという先輩が 1 人としているわけではない世界の「就職試験」を受けに行った。結果は、不合格だったが、このことは新聞でも話題になった。その後、彼は大学で野球を続け、ついにレギュラーを獲得した。以前、彼に会ったとき、「聴者と一緒にやることは、あまり意識していない。野球のレベルが高いから楽しい。それだけ」と言っていた。現在彼は働いているわけではないが、このケースは、聴覚障害者の職場適応とその支援を考える際、いろいろなことを我々に教えてくれると考えている。
　聴覚障害者の職場適応の問題とその支援方法に関する議論は、これまで福祉や教育の場で何度もなされてきた。職場適応に関しては、特に離職率の高さが話題になり、その原因の一つとして職場内におけるコミュニケーションの問題がとりあげられた。聴者と意思の疎通がうまくいかず、仕事でミスをする、孤独を感じる等の結果として離職してしまうという例が多く報告された。他にも職場でのふるまい方の問題など、聴覚障害者の職場適応といえば、人間関係をいかに構築するかが主な問題であった。「聴覚障害者は、職業適応するが、職場適応できない」という話を何度か耳にしたが、これは聴覚障害者と聞こえる人との関係作りが、いかに難しいかを表し、聴者との人間関係作りが職場適応のカギであることを示しているものと言える。そのためか最近では健聴の社員が手話を学ぶ、聴覚障害者がわかりやすい方法で接していくなどして、少しで

もこの問題を解決しようとしている職場が増えているという。このような方法による職場適応の支援、つまり職場環境を障害者に合わせるという方法は、今後さらに充実させ、聴覚障害者と健聴者のコミュニケーションを円滑にしていく必要があることは、ここで繰り返すまでもないことであろう。

ところで、先ほどの野球の彼は、人間関係をどうとらえているのだろうか。彼は「気にしていない」と言っていた。これは彼が周囲の人とのコミュニケーションや人間関係に全く困っていないということではないと思う。彼の聴力レベルなどから考えると、むしろ大変な思いをしていることが予想される。しかも、障害に対する配慮が手厚くなされているわけではないらしい。しかし、それでも彼にとって今の状態は楽しいと言っているし、他の野球部員についても聴者という聴覚障害者にとって付き合いづらい存在とみるよりは、高い技術を持ち、共通の目標を持つチームメイトとしてとらえているようだ。おそらく彼は、野球という目標を見つけることにより、困難がありながらも現状の肯定的側面に目を向けることができるようになり、結果として所属する社会に適応できているのだろう。つまり、彼は、聴者との人間関係が上手くいったから、野球でもうまくいっているのではなく、むしろ彼の中に確固とした目標があり、それがいろいろな面に好循環をもたらしているのではないかと思う。このことから、職場などの社会環境を聴覚障害者に合わせて変化させることは重要だが、聴覚障害者自身が「なりたい自分像」を持っていることといった聴覚障害者の内的な要因も適応促進要因なのである。

彼のように「聴者との関係を円滑に行うことが適応への第一歩」ではなく、「なりたい自分を持っているから職場などの社会で適応できる」ということを身をもって示している聴覚障害者は、他に何人か私は知っている。彼らに共通していることは、①野球にせよ学問にせよ、聴覚障害者だけが構成する社会ではなく、聴者とも切磋琢磨しあえる社会に遅くとも10代半ばごろから所属し、夢を見つけていること。②夢につながる「成功体験」をして自信を身に着ける、また「失敗体験」から工夫するという経験を各発達段階でしていること。③「あきらめないで」と常に励ましてくれる大人がいること。④夢を努力して掴み取っていることの4つである。ろう学校は、この①から④の項目を一人ひとりの子供に会わせてすることが大切な仕事の一つであると思う。この

ように考えると、今まで職場適応の問題は主に高等部においてコミュニケーションの方法や、職場でのマナーを教えるものというとらえかたがされてきたように思うが、全ての学部の教師が職場適応の援助者であることを認識しておくことが大切であるように思う。

　冒頭で述べた彼のような例は、少ないかもしれないが、聴覚障害者の職場適応支援を考える際に、今までの支援方法に新たな 1 面を加え、ろう学校における教育活動の意義を再認識させてくれる事例として紹介してみた。

　この記事では障害者の社会適応が環境調整だけでなされるのではなく、またキャリア教育の要素の能力向上だけでもなく、夢という聴覚障害児の情動的要因が大いに関与すること、夢をもてると社会的に良い意味で非常に強く生きることができることを述べたく執筆しました。この点は聴覚障害児にも知ってほしく、そのような指導を各発達段階で行うというキャリア教育も必要なのではないでしょうか。

3　聴覚障害者のキャリア教育の今後の課題

　キャリア教育は、その概念が大きく変化してきました。1970 年代は職業教育と捉えられ、これに対応する進路指導の具体が議論されました。2000 年代に入ると、いわゆるキャリア教育の 4 領域 8 能力（人間関係形成能力：自他の理解能力とコミュニケーション能力、情報活用能力：情報収集・探索能力と職業理解能力、将来設計能力：役割把握・認識能力と計画実行能力、意思決定能力：選択能力と課題解決能力）が提示され、キャリア教育の目標に大きな変化が起きます。これは、本章で取り上げた「基礎的・汎用的能力」へと引き継がれ、キャリア教育の目標は、発達の多様な面への広がりを見せます。このような流れの中でも、職業教育はキャリア教育の柱の一つであることに変わりはなく、よって従来から聴覚障害児教育で行われた職業教育を継続し、それをとおして近年のキャリア教育の目標も達成しようとする聴覚特別支援学校も少なくありません。この考え方は非常に重要ですが、繰り返し述べてきたとおり、キャリア教育を職業指導や高等部段階に特化した教育テーマとして狭く捉えると、本章で

示したキャリア発達に関する能力を向上させることが難しくなることから、キャリア教育は、幼児期段階から始まる全人的教育であるという意識を学校全体でもつことが大切でしょう。今、一度、キャリア教育の実際を学校全体で確認し、キャリア教育の理念に適う実践がなされているかを検討することが必要かもしれません。加えて、近年の聴覚障害児が抱く、「キャリア観」の調査も必要です。勤労観、職業観は時代とともに大きな変化を見せ、それが若者の人生設計に強く影響しますから、今の聴覚障害児は、同年代の健聴の若者と同じようなキャリア観を有しているのかどうか、どのような考えで将来を描いているのかという点には関心がもたれます。その際に、彼らのキャリア観は、どれだけ現在の自己と過去の自己と向き合って形成されたものかが特に興味をひかれます。これは、「時間展望」とよばれ（都築，1982）、過去、自分はこうだったから、将来、何をするために、どこで、どうするのかを考えさせることで、この思考の深さが、自己の確立に関与すると言われています。聴覚障害児は、「先輩がいるから、A社に入りたい」などと先だけを見た判断をしがちですから、「時間展望」の視点をもった進路指導を行い、「深い自己との対話」を経た「自分の進む道」の決断に導きたいものです。そのためには、聴覚障害児の「時間展望」に関する研究も必要であり、それを踏まえたキャリア教育の構築が待たれます。

文献

長南浩人（2003）職場適応とその支援. 聴覚障害，58（11），2-3.

長南浩人・石原保志（2012）聴覚障害をもつ大学生の社会参加に対する期待感. コミュニケーション障害学，29（2），86-94.

石原保志（2019）聴覚障害教育におけるキャリア発達支援. 聴覚障害，74，14-17.

文部科学省（2011）「今後の学校におけるキャリア教育・職業教育の在り方について中央教育審議会答申」.

文部科学省国立教育政策研究所生徒指導研究センター（2011）キャリア教育の更なる充実のために―期待される教育委員会の役割―.

Phillippe, T. & Auvenshine, D. (2019) Career Development Among Deaf Persons. *JADARA, 19* (1), 9-17.

都筑学（1982）時間的展望に関する文献的研究. 教育心理学研究，30，73-86.

おわりに 聴覚障害児の伸びしろ
「9歳の壁」と「可能性は空の極み」

---

1 聴覚障害児の発達観

　本書では聴覚障害児によく見られる発達上の傾向を紹介してきました。この原因については、聴覚障害児の能力観として、古くから様々な議論が行われてきました。住（1965）によれば、アリストテレスの時代の文献に聴覚障害者の知能に関する記述があり、それには当時、聴覚障害児は知的に劣り、また知的発達の可能性はほとんど考えられていなかったとのことです。後にペスタロッチやヒルらによっても、このテーマは引き継がれ、19世紀以降は、知能の測定が可能になったことから、聴覚障害児の知能に関しても様々な意見が出されるようになりました。これについて、Moores（1996）や Paul & Quigley（1990）は、議論の内容に応じて下記の時期に区分しています。

　まずは、聴覚障害者を知的に劣った者として認識する時期です。この立場を代表する研究は Pintner & Patterson（1917）です。Pintner らは、7歳から成人期までの聴覚障害者を対象として記憶実験を行い、聴覚障害者は同年代の健聴者よりも記憶範囲が短いことを報告しました。Pintner らは、これらの実験結果から聴覚障害児が、学力において5年の遅れを示し、このうち2年は、知能の発達遅滞によるもの、3年は言語発達遅滞によるものと述べています。

　次は聴覚障害者を具体的思考に偏る者として認識する時期です。この考え方は、Myklebust（1964）によって提唱されました。Myklebust は、聴覚障害が個人の精神面の発達に影響を与えると述べ、これを「有機体論」としています。具体的には、聴覚障害者が、具体的な思考に偏りがちで、抽象的な概念の理解に困難を示すことや世界の認識の仕方や思考法が健聴者とは異なるという

ことです。この考え方は、我が国の聴覚障害児教育にも少なからぬ影響を与えました（中野，1990）。その影響を受けた一人が、「9歳の壁」を唱えた萩原浅五郎です。萩原は、「聴覚の欠損は、知覚、概念、想像、思考等の面に変容を来たし、その集積は人格形成上にある異常性を作る。この変容が、『9歳の壁』を残すことになる」と述べています。ここで注目したい点は、萩原が「変容」という言葉を使っている点です。このことは聴覚障害児の発達の様子が「変容」した結果であり、「9歳の壁」を二次的障害としていることを示唆します。

　時代が下ると聴覚障害児の知的な能力の発達遅滞は、聴覚障害に起因するのではなく、聴覚障害児の経験不足によるという考えが出され、聴覚障害児は知能が劣る者という考えが否定されていきます（Vernon, 2005）。そして、徐々に言語の発達遅滞が聴覚障害児の精神的な発達に関連するという見方が通説となりました。一方、Furth（1966）は経験欠陥説を唱え、発達初期における経験の偏りや不足こそが問題であり、言語の影響は大きくないと結論付け、聴覚障害者の知能水準は、正常であると主張しました。これに対してOléron（1953）は、経験の重要性を認めながらも、言語の未発達が聴覚障害児の知的能力を規定すると主張し、Furthの考え方に疑問を呈しました。またSisco & Anderson（1978）は、WISC-Rの動作性検査の結果から、聴覚障害児には、VIQとPIQに相関が見られないこと、PIQの成績が学力のアチーブメントを説明しないことを見出し、これは健聴児と異なる傾向であることから聴覚障害児の知的能力の特殊性を主張しました。我が国の研究では、杉原（1989）が、聴覚障害児の論理的思考の発達を検討し、認知発達に言語能力が影響していないといえるデータは得られなかったことを報告しています。1990年代後半になると認知心理学が、問題解決や学習における心的過程、及びそれに関する心理学的概念の機能を明らかにしたこともあり、現在では知能検査から得られる知能指数を健聴児と比較する研究は少なくなり、知能を構成する記憶、思考などの認知能力を言語能力と関連させながら検討することが行われています。この視点から行われた近年の研究は、発達早期に聴覚障害が生じた場合、多くの者は、記憶、推論、統合といった認知能力の発達に健聴児との違いを示し、また抽象的な概念の発達遅滞が健聴児と比較し顕著となり、さらにはメタ認知能力が健聴児よりも劣ることを報告しています。ただし早期の言語使用経験により正常な

認知発達をした例の研究も報告されている（Calderon & Greenberg, 1997）ことには、留意が必要です。

　以上の先行研究をまとめると、聴覚障害児の知的な能力は、Pintner らの主張する教育可能性の低さは現代においては否定され（Marschark, 2011）、聴覚障害は感覚障害であるのだから、種々の発達の困難は、言語の獲得困難が阻害要因となって起きる二次的、三次的障害ということになり（板橋，2014）、聴覚障害児の伸びしろは健聴児と同様である、ただし言語獲得の程度が、伸びしろがどこまで伸びるかを左右するということになります。

　そこで、言葉の獲得のさせ方が問題となるわけですが、古くから聴覚特別支援学校では、大きく分けて 2 つの方法が実践されてきました。1 つは、主に「見せ、書かせる指導」で、もう一つは「聞いて、話させる指導」です。「見せ、書かせる指導」は、プリント教材を用い、それを読んで、書きこみをさせることを中心とした指導やドリルを解かせる指導などです。視覚を主に利用する指導と言ってもよいでしょう。一方、主に「聞いて、話させる指導」は教師も聴覚障害児も互いに音声を聞いて、話すことによって進める指導です。それぞれ我が国で実践されていますが、近年では、前者を主として指導を行う学校も少なくないように思います。その理由を訊くと、ほとんどの学校では聴覚障害者は視覚優位なのだから、それに合うような指導をしているという説明を受けます。特別支援教育で強調される個に応じた指導の考え方に倣っているようで、確かにそのような考え方も大切なわけですが、一方で聴覚障害児の知的能力は、健聴者と質的に同等であることは既述の歴史研究から明らかになっていますから、聴覚障害者の視覚優位は、視覚による情報処理に偏った経験の積み重ねの結果であると考えらます。ならば一次障害を受けている器官の機能を聴覚リハビリテーションによって高めれば、聴覚障害児の中枢における情報処理の機能が拡大し、結果的に言語獲得等を促進する（これを示唆する研究は宮町ら，2016）と考えられます。現代の補聴機器の性能向上は、このような取り組みを、今まで以上に後押しすることになるでしょう。ここで、思い出されるのが日本聾話学校元校長の大嶋功先生のご著書のタイトル『可能性は空の極みまで』です。これには、1800 年代には聴覚障害児の聴覚の活用可能性には否定的な声が聞かれたものの、1900 年代から聴覚活用の実践例や研究の紹介がな

され、論点は聴覚活用の限界に移ったことが書かれています。そして、それに対してハジンズという人が、「Sky is the limit（限界は空だ）」と答えたことや、「教師、親がここまでと思えば、もうそれまでだ。しかし、なんとかしようと思うならば、空の極みまで可能性はある」と言ったと書かれています。確かに、聴覚障害児に音を繰り返し、繰り返し聞かせると、聞き分けられるようになる音が増えたり、それに伴う発話の質的変化が見られたりすることがあり、大人の頑張りによって彼らの聞き取りの力が変わることは筆者もよく経験するところです。聞こえが改善されれば、音声言語の習得はしやすくなることに加え偶発学習の機会が保障され、知識、豊かな感性の獲得につながりますから、ハジンズの言葉は、聴覚活用のみならず、聴覚障害児の育ち全体の指針と言えるでしょう。よって、言葉の獲得のさせ方は、健聴児とできるだけ同様の道筋を与えることが重要であり、それが彼らの可能性を「空の極み」にまでに高めることにつながるものと思われます。

2　「よくわかる」を超えて

　これまでの聴覚障害児教育が設定してきた「空の極み」は、学習内容やコミュニケーションの内容が「よくわかる」にあったように思います。いわば、問題解決能力と言えます。しかし、近年、教育界では批判的思考や創造的思考の育成に関心が向けられ、「よくわかる」だけではなく、「わかったことを踏まえて、考えを深める、広げる、生み出す」ことが求められています。そこで、聴覚障害児教育でも、「空の極み」をこのような高次な応用的思考力に設定することが大切だと思います。

(1) 創造的思考

　創造的思考は、「過去の経験を結び合わせて、新しいパターン、アイデアを作り出すこと」と定義され、単に見えないものを思い浮かべる、想像するだけでなく、新しいことの創出といえます。内田（1999）によると創造的思考は、知識の想起や想像を用いた収束的思考と相互に作用して機能する複雑な心的過程であり、この思考の成否には過去の経験で得られた知識や思考法などが、深

く関わっているとのことです。創造的思考には、いわゆる直感が含まれ、人は、何かひらめいたときに「アイデアが降ってきた」と言いますが、それも実は自己内の記憶や考え方を利用して思考した所産なのです。

　聴覚障害児の思考は、固く具体的であることが報告されています（井坂ら，1985）。これは、第4章で指摘した概念の乏しさなどの認知発達の問題に加え、教育方法の偏りという点からの指摘もあります。具体的には聴覚障害児には一つの考え方で一つの正解に辿り着かせる収束的思考（convergent thinking）の指導がよく行われるものの、いくつかの解答や方法を考える創造的思考などのいわゆる拡散的思考（divergent thinking）の発達に関する議論や実践が乏しいからだという指摘があります（Laughton, 1988）。このことから、いくつかの答えが考えられる問題に対しては、収束的な思考を求める発問だけでなく、拡散的な思考を求める発問も行うなど、発問のバランスを考慮する必要があるかもしれません。

　創造性の指導について健聴児に対する指導を見てみるとブレーンストーミング法（集団で話し合い、自由にアイデアを出し合うことによって新たな発想を誘発する技法）やKJ法（ブレーンストーミング法によって出された多くのアイデアをグループ化し、論理的に整序して問題解決の道筋を明らかにしていくための技法）の使用が推奨されています。いくつかの聴覚特別支援学校でブレーンストーミング法による実践を見たことがありますが、なかなか議論がうまく進展しなかったり、また何か新たなひらめきに至ったりするという場面にはあまり出会いません。この理由としては、第4章で述べたとおり、知識のネットワークが乏しいために、話し合いをしても新しいアイデアがひらめかないということも考えられます。また、そもそもブレーンストーミングでは相手の意見を論理的に整理して頭に入れるということが求められますが、聴覚障害児はこれも苦手とするところです。よって聴覚障害児には創造的思考が起きやすいような概念体系と他人の意見の論理的な聞き方の指導が必要となるでしょう。前者については、既に第4章で指導の仕方を紹介しました。後者については、人の話の整理の仕方を指導する必要があります。その具体として近年ではトゥールミン・モデルによる教育をよく耳にします。これは、論証を「主張」「根拠（データ）」「論拠（データを用いた考え方）」の要素に分け（正確には、他にも「例外」「限定」

「裏付け」の要素があります）、これを用いて人の意見を聞いたり、主張したりするというもので、頭の中に情報の論理的な整理箱を作るというものです。このような思考の技法を聴覚障害児にも教え、論理的な会話が可能となるような特別な支援を含めた指導を行うと、話し合い活動もよる創造的になるものと思われます。

（2）批判的思考

　批判的な思考、読みとは、読み手が、文章情報の論理性を自ら判断し、かつ、自ら問題を発見し、それに自答することで新たな知識を獲得する読み方（小嶋, 1996）のことです。その例としては、事実を著述している箇所と意見を陳述している箇所を区別し、事実と意見の論理的整合性を判断する能力を挙げることができます。

　批判的読みの力を養うのに適した国語科の教材の一つには、「花を見つける手がかり」（教育出版 4 年上巻）があります。この教材は、もんしろちょうが花を見つける手がかりを実験によって明らかにしていく説明文であり、段落間の関係が論理的で、また実験の結果の考察を述べた文章には、読み手の推論が要求されることから、この部分に自発的な疑問をもち思考することが求められる内容となっています。

　指導書に掲載されている「花を見つける手がかり」の一般的な指導内容の一つは、実験について「実験のねらい」「実験のじゅんび」「実験のけっか」「実験からわかったこと」「次の実験でたしかめること」の 5 項目に分類させるというものです。ある聴覚特別支援学校の授業でも同様の指導が行われました。6 人の聴覚障害児は、渡されたプリントの 5 項目の欄に文章の一部を正しく抜粋して表に書き込んでいました。この授業の検討会が放課後行われ、授業者は、「子供たちは、プリントに正解を記入することができていたので、実験に関する文章の内容を段落ごとの関係に注目して理解するという本時の目標を達成できた」と評価しました。しかし、筆者は、この評価には疑問をもちました。というのは、授業の直後にワークシートの表を間違いなく完成した聴覚障害児Ａが、「［実験のけっか］と［実験からわかったこと］の違いがわからない……」とつぶやいたことを覚えていたからです。［実験からわかったこと］

は、［実験のけっか］から導き出される考察であるという関係を理解できていなければ、結果と考察が論理的に飛躍していないかを考えるという批判的読みもできていないことになり、授業目標も達成できていないことになります。恐らく、この聴覚障害児は、視覚的一致方略で教科書から結果や考察にあたる文章を抜き出して表を完成させたものと思われます。よって聴覚障害児に批判的思考を指導する際には、健聴児に用いられる方法や教材をそのまま使うのではなく、教師は、改めて「何をしたの？　そう、……をしたから、どうなった？　そう、……という結果になった。だから？　何がわかる？　（何が、まだわからないの？）そう、……ということが言える？」のような、疑問詞を交えた会話形式を用いて批判的な読みをさせる必要があります。

　また「自ら問題を発する力」の指導には、「もんしろちょうは、生まれながらに、花を見つける力を身につけているようです。」の表現が利用可能です。ここは、教科書の「生まれてから花を見たことのないもんしろちょう」と「もんしろちょうは、いっせいに花だんに向かってとんでいきます。」を関連付け、「生まれてから花を見たことが無いもんしろちょうなのに、花に向かって飛んでいったから、もんしろちょうは、生まれながらに、花を見つける力を身につけているといっているのだな」と考え、その結果、筆者の考察には論理的整合性と妥当性があると判断できる部分です。したがって、「もんしろちょうは、生まれながらに、花を見つける力を身につけているようです。」だけを読んでも、その意味はすぐにはわかりづらく、筆者も、この説明文を初めて読んだときは、「なぜ、このように言えるのだろうか」との問いが生じ、既読箇所を読み直して理解できました。

　ちなみに、「『もんしろちょうは、生まれながらに、花を見つける力を身につけているようです』と筆者が考えているのはなぜですか」という問いには、多くの聴覚障害児が、「書いてあるから」と答えることが想像できます。聴覚障害児には、批判的読みを必要とする発問をし、その後に批判的読みにいたる思考方法と技法（例えば、既読箇所を統合し、推論して論理性や妥当性を考える、そのためには、文章を考えながら読み返すなど）を指導することが求められます。なお、この批判的読みにもトゥールミン・モデルを活用した指導は有効であると考えられています（大河内, 2003）。

3 「9歳の壁」を「可能性は空の極み」とするもの

　「9歳の壁」を「可能性は空の極みまで」とするには、聴覚障害児の発達を理解したうえで、大人が、良い意味でのこだわりをもって関わることが重要であることは、本書で既に何度も述べてきました。ここでは、その他に、聴覚障害と関わる上での留意点を四つ取り上げます。

　一つ目は時期です。音声言語の獲得には子供が最も学習しやすいとされる臨界期とよばれる期間の存在が指摘されています。これについて、Yoshinaga-Itano ら（1998）は、生後6か月くらい以内に発見され、教育を始めた聴覚障害児群は、それ以降に教育を開始した聴覚障害児群よりも言語発達が優位であり、3歳で健聴児と同等なレベルに近づくことを見出しました。このことは、早期教育の重要性を示し、新生児聴覚スクリーニング（NHS）や早期教育実施の根拠となっています。類似の研究は我が国にも見られ、福田ら（2007）は、新生児聴覚スクリーニングで発見された聴覚障害児のうち、聴能および知的に遅れがみられなかった者の言語発達は健聴児と同等で、うち人工内耳装用児は特に良好であったことを報告しています。これらのことから、教育開始時期は、かれらの可能性を「空の極みまで」高める非常に重要な要素ということがわかります。

　二つ目は、聴覚障害児を取り巻く人々の支援です。その対象の第一は、保護者であり、これは乳幼児期の保護者のみを対象とするものではなく、各発達段階においてなされるものです。乳幼児期については、佐藤・小林（2004）が、相談における傾聴、障害や子供の将来の成長に関する情報提供の重要性を指摘しています。しかし、これらは、どの発達段階でも同様で、支援の原則と言えるでしょう。また、保護者が何を考えているかを知ることは重要です。これについては、大島・小渕（2018）が難聴乳幼児の母親の育児ストレスに関する質問紙調査を行い、その結果、子供について悩んでしまうことや将来への不安が、主なストレスとなっていることがわかりました。将来の不安の具体は、3歳未満の子供を持つ親は、言語発達や聴力、コミュニケーションなどの発達の具体に関するものが多く、3歳以上では就学、就学後の学習や人間関係が多数

で、子供の年齢で親の思いが変わることも見出されています。乳幼児期以外の発達段階の子供を持つ保護者の思いに関する詳細な調査は見られず、今後の調査が期待されます。

　第二に聴覚障害児を取り巻く仲間も重要な支援対象です。特に通常の学校に在籍する聴覚障害児の場合、健聴児との関わりは豊かな人間関係をもたらし、発達上に大きな意義をもちます。多くの健聴児は、聴覚障害児に友好的で、協力的で健聴児も聴覚障害児も子供同士いろいろな工夫をして接している様子は微笑ましくなります。しかし、第3章で前述したように聴覚障害児は、共感性や道徳的判断の発達が健聴児と比較して遅れることから、ふとしたことで健聴児が気持ちのずれ違を感じ、少しずつ聴覚障害児と距離を置くということがあります。これを聴覚障害児も感じ、仲間に入れてくれないと感じるようです。聴覚障害児の孤立というと、会話が聞き取れないなどのコミュニケーションが原因と考えられることが多くありますが、実際には、それだけでなく、対人的な課題も潜んでいるようです。その様な場合、健聴児が聴覚障害児に考えてくれていたことを評価し、また何が距離を置こうとした理由だったのかを率直に話してもらうようにしましょう。そして、そのことを聴覚障害児に上手く伝えることが教師の役割です。もちろん聴覚障害児の考え方や思いを健聴児に伝えることも併せて行い、必要に応じて教師が関わりながら、解決策を考えさせるとよいでしょう。加えて、対人関係に未熟さが残る聴覚障害児の場合は、個別にその点の指導も必要となります。

　第三は、医療や福祉機関関係者などの多様な専門家で、聴覚障害児や保護者と関わることも重要で、この際には多職種間で連携できる体制づくりが必要となります。これについては、専門家の意見調整の難しさが指摘されるところで、コーディネーターが中心となった調整が必要となります。また普通校に在籍する聴覚障害児については、クラス担任との連携も重要で、クラスでの聴覚障害児の様子を聞いたり、聴覚障害に関する知識や担当する聴覚障害児の様子を伝えたりするなどをとおして関係を築き、それによって多くの大人が聴覚障害児と係わる環境を作るようにしましょう。

文献

Calderon, R. & Greenberg, M.（1997）The effectiveness of early intervention for deaf children and children with hearing loss In M. J. Guralnik（Ed.）*The effectiveness of early intervention*. Baltimore: Paul H. Brookes.

福田章一郎・問田直美・福島邦博・片岡祐子・西崎和則（2007）新生児聴覚スクリーニングで発見された聴覚障害児の小学校就学時点での評価．Audiology Japan, 50, 254-260.

Furth, H. G.（1966）*Thinking without language*. Free Press.

萩原浅五郎（1963a）"ろう"についての教育的解釈―教育研究の中核―．ろう教育，18（5），3-6.

萩原浅五郎（1963b）"ろう"とはなにか．ろう教育，18（11），3-9.

萩原浅五郎（1965）明日に向かって．ろう教育，20（9），4-13.

井坂行男・我妻敏博・星名信昭（1993）聾学校児童生徒の「動物」に関する語彙における概念の獲得について」ろう教育科学，35（3），99-118.

板橋安人（2014）聴覚障害児の話しことばを育てる「発音・発語」学習の今、明瞭性だけにとらわれない授業．ジアース教育新社．

小嶋惠子（1996）テキストからの学習．波多野誼余夫編　認知心理学5　学習と発達．東京大学出版会．

教育出版（2012）ひろがる言葉　小学国語　四上．

Laughton, J.（1988）Strategies for Developing Creative Abilities of Hearing-Impaired Children. *American Annals of the Deaf, 133*（4），258-263.

Marschark, M. & Spencer, E.（2011）*Deaf Studies, Language, and Education Volume 1, Second Editoin*. New York: Oxford University Press.

宮町悦信・三好茂樹・長南浩人（2016）日本手話を主要なコミュニケーション手段とする聴覚障害児の日本語構文力に関する研究．日本特殊教育学会第54回大会発表論文集，30.

Moores, D. F.（1996）*Educating the deaf: Psychology, principles, and practices*. Boston: Houghton Mifflin.

Myklebust, H. E.（1964）*The psychology of deafness, 2nd ed*. New York: Grune & Statton.

中野善達（1990）聴覚障害児の学力．聴覚障害，45（12），4-10.

Oléron, P.（1953）Conceptual thinking of the deaf. *American Annals of the Deaf, 98*, 304-310.

大河内祐子（2003）批判的読みにおける文章の構造的側面の役割．東京大学大学院教育学研究科紀要，43，305-313.

大嶋功　日本聾話学校編（2001）可能性は空の極みまで．キリスト新聞社．

大島美絵・小渕千絵（2018）難聴乳幼児を育てる母親の育児ストレスに関する検討．Audiology Japan，61（4），254-261.

Paul, P. & Quigley, S.（1990）*Education and deafness*. White Plains, NY: Longman.

Pintner, R. & Patterson, D.（1917）A comparison of deaf and hearing children in visual memory for digits. *Journal of Experimental psychology, 2*, 76-88.

佐藤正幸・小林倫子（2004）聴覚障害児の早期からに関する文献的考察．国立特殊教育総合研究所紀要，31，91-99.

Sisco, F. H. & Anderson, R. J.（1978）Current findings regarding the performance of deaf children on the WISC-R. *American Annals of the Deaf, 123*（2），115-121.

住宏平（1965）ろう児の精神発達―知能と記憶―．ろう教育科学モノグラフ，6.

Vernon, M. (2005) Fifty Years of Research on the Intelligence of Deaf and Hard-of-Hearing Children: A Review of Literature and Discussion of Implications. *Journal of Deaf Studies and Deaf Education, 10* (3), 225-231.

Yoshinaga-Itano, C., Sedey, A. L., Coulter, D. K., & Mehi, A. L. (1998) Language of early-and late-identified children with hearing loss. *Pediatrics 102*, 1161-1171.

あとがき

　筆者は、現在勤務する大学で聴覚障害学生の発音指導を担当しています。当初は大学生を対象とするのだから、パソコンによる最先端の音響分析ソフトを用いた発音指導がよいだろうと勝手に思い、当初、そのような指導を主に行っていました。しかし、そのうち、スシ旗や音筒、セロファンなどの幼児期に使用したであろう教材を使った方が発話の明瞭さが高いことに気が付きました。学生に「これを使うと発音が良くなるよ」というと、ニコッと笑い「懐かしい」などと言っていました。私は、この学生をご指導した先生が、まだ幼かった聴覚障害児が楽しめるよう、様々な工夫をしたり、笑顔で励ましたり、褒めたりされたのだろうと想像しました。そして、その先生に、この学生の姿を見てもらい、「この子の体の中に、先生の伝えたことが、今もちゃんと生きていますよ」と伝えたくなりました。

　発音指導のみならず、聴覚障害児は、大人が良い意味でこだわったことを、ちゃんと身に付ける「伸びしろ」をもっているということは、多くの関係者が話すことです。そこで、本書は、彼らの「伸びしろ」を刺激する方法を伝えることを目的とし、聴覚障害児教育に携わる先生方の指導のヒントになりやすいよう、主に事例を挙げて話を進めました。しかし、事例の一部を切り取り文字化すると、どうしても、機械的な技法面が表に出てしまい、教師と聴覚障害児が作り上げてきた関係性だとか、日々の教室の空気感が捨象されてしまいました。これは筆者の力不足故であり、人の育ちを文字化することの難しさを痛感しました。読者の皆様には、行間を読んでいただけるとありがたく存じます。またこの場を借りて、本書に登場する事例を提供してくださった先生方や保護者の皆さま及び聴覚障害児にお礼を申し上げます。種々の事情から実際の事例を多少変更したものもありますが、出来事の大切な点は表現できるよう努めたつもりですので、ご理解くださいますよう、お願いいたします。そして、多くの方々のお力添えによって出来上がった本書が、聴覚障害児教育関係者に、少しでも役立てていただけるのであれば、この上ない喜びです。

　最後になりましたが、本書を執筆する機会をいただきました学苑社の皆様に深く感謝を申し上げます。

令和 4 年 5 月　長南　浩人

索　引

【著者略歴】

長南浩人（ちょうなん　ひろひと）

1995年、筑波大学大学院教育研究科修了。2001年博士（心身障害学）取得。
神奈川県立高等学校や神奈川県立平塚ろう学校教諭、高知県立高知女子大学（現高知県立大学）を経て、筑波技術大学障害者高等教育研究支援センター助教授、准教授、2015年より筑波技術大学障害者高等教育研究支援センター教授。
主要著書、論文は『聴覚障害児の学習と指導─発達と心理学的基礎─』（四日市章他編、共著、明石書店、2018年）、『手話の心理学入門』（編著、東峰書房、2005年）、「聴覚障害児の音韻意識の発達における音韻ループと実行機能の関係」（コミュニケーション障害学 Vol. 38 No.2、2021年）など多数。

装丁　三好誠（ジャンボスペシャル）

言語・思考・感性の発達からみた
聴覚障害児の指導方法　　　　　　　　　　　©2022
──豊かな言葉で確かに考え、温かい心で感じる力を育てる

2022年8月15日　初版第1刷発行

著　者　長南浩人
発行者　杉本哲也
発行所　株式会社　学苑社
東京都千代田区富士見2−10−2
電話　　03（3263）3817
FAX　　03（3263）2410
振替　　00100−7−177379
印刷・製本　藤原印刷株式会社

検印省略

ISBN978-4-7614-0835-0　C3037

〒102-0071 東京都千代田区富士見 2-10-2
https://www.gakuensha.co.jp/
学苑社
TEL 03-3263-3817　FAX 03-3263-2410
info@gakuensha.co.jp　税10%込みの価格です